Le hibou
dans tous ses états

Du même auteur

Tout nu
Florent Massot, 1999

Je parler français
Florent Massot, 2000

Delirium tremens
Florent Massot, 2001

Habillés pour l'hiver
Plon, 2006 et 10/18, 2007

Je suis très à cheval sur les principes
Éditions de l'Olivier, 2009
Points n° P 2401

N'exagérons rien !
Éditions de l'Olivier, 2010
Points n° P 2637

DAVID SEDARIS

Le hibou dans tous ses états

Articles, etc.

traduit de l'anglais (États-Unis)
par Thierry Beauchamp

ÉDITIONS DE L'OLIVIER

L'édition originale de cet ouvrage
a paru chez Little, Brown and Company en 2013,
sous le titre : *Let's Explore Diabetes With Owls.*

ISBN 978.2.8236.0333.0

À ma sœur Amy

Note de l'auteur

Au fil des années j'ai rencontré pas mal d'adolescents qui participaient à des joutes oratoires. En fait, c'est à mi-chemin entre le discours et le débat. Les étudiants choisissent une nouvelle ou un article publiés, réduisent le texte à une longueur prédéterminée et le récitent dans le cadre d'une compétition. À cette fin, j'ai écrit six brefs monologues – auxquels renvoie le « etc. » du sous-titre de ce livre – que les jeunes gens pourront déclamer devant un jury. Je crois que ces histoires sautent aux yeux : ce sont celles où je suis une femme, un père et une fille de seize ans avec un faux accent anglais.

Note de l'auteur

Dentistes sans frontières

Ce qui m'a rendu perplexe pendant le débat sur la santé publique en Amérique, c'était tout ce bla-bla autour de la médecine sociale et de sa supposée inefficacité. Le programme canadien a été comparé à un génocide, mais les politiques européennes ont été jugées encore pires : les malades dépériraient sur des lits de camp en attendant la découverte de l'aspirine. J'ignore où ces gens ont pêché leurs idées, mais j'ai vécu en France par intermittences ces treize dernières années, et je n'ai eu que de bonnes expériences. À Paris, une visite à domicile coûte dans les cinquante dollars. J'ai été tenté d'y recourir le jour où j'ai de nouveau souffert d'un calcul rénal, mais patienter ne serait-ce que dix minutes semblait hors de question, aussi ai-je préféré gagner en métro l'hôpital le plus proche. Nous avons la chance de posséder un appartement dans le centre-ville où presque tout ce dont j'ai besoin se trouve à proximité. Il y a une pharmacie au coin de la rue et le cabinet de mon médecin, le Dr Médioni, se situe à deux pâtés de maisons.

Un samedi matin, il ne m'a fallu que deux tentatives pour obtenir la communication et c'est lui-même qui a répondu. Il m'a dit de passer immédiatement. Ces consultations reviennent aussi à cinquante dollars. La dernière fois, j'avais une zébrure rouge dans le blanc de l'œil gauche, qui paraissait le couper en deux.

Le docteur l'a examinée un moment, puis il est allé s'asseoir à son bureau.

– Je ne m'inquiéterais pas si j'étais vous. Cela devrait disparaître dans un jour ou deux.

– Très bien, mais d'où ça vient ? Comment ai-je récupéré ça ?

– Comment *récupérons-nous* la plupart des choses ? a-t-il répliqué.

– En les achetant ?

La fois d'avant, j'étais couché dans mon lit lorsque j'ai senti une bosse du côté droit, juste au-dessous de ma cage thoracique. C'était comme un œuf à la diable niché sous ma peau. *Un cancer,* me suis-je dit. Un coup de téléphone et vingt minutes plus tard, j'étais sur la table d'auscultation, chemise relevée.

– Oh, ce n'est rien, a marmonné le docteur. Une petite tumeur graisseuse. Les chiens en ont tout le temps.

J'ai aussitôt pensé à tout ce qu'attrapent les chiens et que je ne tiens pas à avoir : des ergots, par exemple. Ou des ankylostomes.

– Je peux me la faire enlever ?

– Sans doute, mais quel intérêt ?

À cause de lui, je me suis senti vaniteux et frivole d'avoir pu nourrir une telle pensée.

– Vous avez raison. Je vais trouver un maillot de bain taille haute.

Lorsque je lui ai demandé si la tumeur allait grossir, le docteur l'a légèrement pressée et a dit :

– Si elle va grossir ? Bien sûr, probablement.

– Et elle va *beaucoup* grossir ?

– Non.

– Et pourquoi non ? me suis-je enquis.

Alors il a répondu, d'une voix soudainement éteinte :

– Je ne sais pas. Pourquoi les arbres ne touchent-ils pas le ciel ?

Médioni reçoit dans un appartement au troisième étage d'un bel immeuble du dix-neuvième siècle et, lorsque j'en sors, je me dis toujours : « Minute, papillon ! Ai-je bien vu un diplôme accroché au mur ? *Docteur* ne serait-ce pas son prénom ? » Ce n'est pas qu'il soit indifférent, mais j'aspire à un peu plus qu'un simple « ça va disparaître ». La zébrure rouge s'en est allée, exactement comme il l'avait dit, et par ailleurs, j'ai croisé des dizaines de personnes qui ont des tumeurs graisseuses et ne s'en portent pas plus mal. Il est possible que, étant américain, j'ai besoin de mots plus impressionnants pour décrire mes problèmes. J'aspire aussi à un peu plus de gravité. « J'ai effectué plusieurs examens, aimerais-je entendre, et j'ai découvert que vous souffrez de ce qu'on appelle une dégénérescence ganglionnaire bilatérale ou, plus communément, une rupture cartoïdale du septrumus vénal. Les chiens en attrapent tout le temps et, le plus souvent, ils en meurent. Voilà pourquoi je souhaiterais que nous procédions avec la plus extrême prudence. »

Pour cinquante dollars, je voudrais quitter en larmes le cabinet du docteur mais, au lieu de ça, lorsque j'en ressors, j'ai l'impression d'être un hypocondriaque, ce qui est une des deux ou trois choses que je ne suis certainement pas. Si mon médecin français s'avère un peu décevant, mon parodontiste français me donne entière satisfaction. Je ne taris pas d'éloges sur le Dr Guig qui, sur le plan gingival, m'a tiré du gouffre. Depuis dix ans que je le consulte, il m'a opéré deux fois. Et l'année dernière, il m'a extrait les quatre incisives du bas, a foré ma mâchoire inférieure et y a scellé deux implants avec du ciment. Il m'a d'abord fait asseoir, puis m'a expliqué le traitement en employant un tas de mots impressionnants grâce auxquels j'ai pu me sentir important et percevoir tout le tragique de la situation.

– Je vous opérerai mardi matin à neuf heures et l'intervention devrait durer trois heures maximum, a-t-il dit, en français comme d'habitude. Puis, à six heures du soir, vous vous rendrez chez votre dentiste pour qu'il vous pose les dents provisoires, mais je préférerais que vous bloquiez toute votre journée.

À mon retour chez moi, j'ai demandé à Hugh, mon compagnon :

– Où croit-il que je pourrais aller avec quatre dents en moins ?

Lorsque je vois le Dr Guig, c'est pour une consultation ou une opération mais pour les visites de routine, les détartrages biannuels, je m'adresse à son associée, le Dr Barras. Ce qu'elle fabrique dans ma bouche est indicible, et comme cela me fait transpirer, j'ai pris l'habitude de me changer dans les toilettes avant de rentrer.

– Oh, monsieur Sedaris, vous êtes un vrai gamin ! a-t-elle gloussé en l'apprenant.

Il y a un an, en arrivant à son cabinet, je lui ai annoncé que depuis ma dernière visite, je me passais les dents au fil dentaire tous les soirs. Je croyais m'attirer ainsi ses louanges – « Quel sérieux ! Quelle discipline ! » – mais elle s'est contentée de lâcher :

– Oh, ce n'est pas nécessaire…

Il en est allé de même quand je me suis plaint de mes dents écartées.

– J'ai porté un appareil dans mon enfance, mais peut-être en ai-je encore besoin ? ai-je demandé.

Un praticien américain m'aurait envoyé chez un orthodontiste or, selon le Dr Barras, je m'angoissais pour rien.

– Vous avez ce que nous appelons en France les « dents du bonheur ». Pourquoi voudriez-vous vous en priver ?

– Euh… Parce que je peux me servir de la ceinture de ma robe de chambre en guise de fil dentaire ?

– Arrêtez donc avec le fil dentaire ! Vous n'avez rien de mieux à faire de vos soirées ?

Je suppose que c'est alors que la question du bonheur entre en jeu...

Le Dr Barras a une mère malade et un chat à poil long nommé Andy. Tandis que je dégouline dans son fauteuil, la bouche grande ouverte, elle fait passer son crochet électrique sous ma ligne gingivale, et me relate les épisodes de sa vie que j'ai manqués depuis ma dernière visite. Je repars toujours avec la bouche ensanglantée et, cependant, j'attends toujours avec impatience mon prochain rendez-vous. Le Dr Guig et elle font partie de *mon* cercle, ils n'ont aucune relation avec Hugh, et même s'il serait un peu exagéré de les appeler des « amis », il me semble que je leur manquerais si je mourais d'une tumeur graisseuse.

Un phénomène comparable s'est produit avec le Dr Granat, mon dentiste. Il n'a pas fabriqué mes implants – un prosthodontiste s'en est chargé – mais c'est lui qui a pris les moulages et s'est assuré que les prothèses étaient parfaitement ajustées. Ce travail a été exécuté en cinq séances pendant l'hiver 2011. Une fois par semaine, je me présentais à son cabinet et m'installais dans son fauteuil inclinable. Puis je laissais tomber ma tête en arrière, la bouche ouverte.

– *Ça va**[1] ? me demandait-il environ toutes les cinq minutes.

Et j'émettais un petit son guttural. Comme une sonnette de porte.

– Heeeuuuum.

La pose des implants se fait en deux étapes. Les premières dents qui sont vissées, les provisoires, ont une forme grossière et ne sont pas de la bonne couleur. Les secondes sont plus affinées et, d'une manière ou d'une autre, ont été teintes ou peintes pour

1. Les mots en italique suivis d'un astérisque sont en français dans le texte. (*Toutes les notes sont du traducteur.*)

ne pas jurer avec leurs voisines. Mes quatre fausses incisives sont soudées pour former un seul bloc et elles ont été mises en place avec un véritable tournevis. Vu que les dents affectent la mastication, leur positionnement doit être parfait, aussi mon dentiste les installe-t-il et les retire-t-il pour pouvoir procéder à des ajustements mineurs. Il les pose, puis il les ôte. Encore et encore. À ce stade, toute la souffrance est déjà derrière moi : je reste donc couché et m'efforce d'agir en bon patient.

Le Dr Granat garde une télévision allumée mais silencieuse près du plafond et, à chacune de mes visites, elle est réglée sur la chaîne française Voyage. Une fois, j'ai regardé un groupe de montagnards en train de décorer un yack. Ils lui épargnaient les guirlandes électriques, mais tout le reste semblait y être : des rubans, des cloches, des petits fourreaux en argent pour les pointes de ses cornes.

– *Ça va**?

– H-heum.

Une autre fois, nous nous sommes retrouvés quelque part en Afrique : les cinq membres d'une famille creusaient le sol et découvraient ce qui présentait toutes les apparences d'un terrier plein de souris. L'assistante du Dr Granat est entrée à ce moment-là pour poser une question, et lorsque j'ai de nouveau regardé l'écran, les souris avaient été écorchées et enfilées sur des baguettes effilées façon kebab. Puis j'ai encore été distrait et, quand j'ai tourné les yeux vers la télé, la famille africaine grillait les souris au-dessus d'un feu de camp et les mangeait avec les doigts.

– *Ça va**? a demandé le Dr Granat, et j'ai levé la main, geste compris dans tous les cabinets dentaires du monde qui signifie : « J'aimerais souligner un point d'une importance vitale. » Il a sorti son tournevis de ma bouche, et je lui ai montré l'écran.

– *Ils ont mangé des souris en brochette**, lui ai-je dit.

Il a dirigé son regard vers la petite télé.

– *Ah, oui**.

Téléspectateur assidu de la chaîne Voyage, le Dr Granat n'est surpris par rien. Il a déjà vu tous les programmes et est lui-même un vrai globe-trotter. Tout comme le Dr Guig. Ces derniers temps, le Dr Barras ne s'est rendue dans aucun lieu fascinant, mais étant donné l'état de sa mère, comment le pourrait-elle ? Avec tous ces professionnels de la dentisterie dans ma vie, on pourrait croire que je ressemble moins à une citrouille d'Halloween. On pourrait croire que je peux mordre dans un épi de maïs ou, à défaut, arracher la chair d'une cuisse de poulet, mais il n'en sera pas question avant plusieurs années, pas avant que nous ne nous soyons attaqués à mes deux dents de devant et aux deux incisives branlantes qui les encadrent.

– Mais une fois que ce sera réglé, je pourrai continuer à venir régulièrement, n'est-ce pas ? ai-je dit, au bord de la crise de panique, au Dr Guig. Ma maladie gingivale n'est pas guérie, n'est-ce pas ?

Autrefois j'évitais les dentistes et les parodontistes, et j'en suis venu pratiquement à les traquer, non pour poursuivre je ne sais quelle quête du sourire hollywoodien mais parce que j'apprécie leur compagnie. Je suis heureux dans leurs salles d'attente, les tables basses croulent sous les *Gala* et les *Madame Figaro*. J'aime leur français marmonné derrière un masque chirurgical. Aucun d'eux ne m'a jamais appelé David, peu importe le nombre de fois où je les ai invités à le faire. Je suis donc monsieur Sedaris, pas mon père, non, le plus petit modèle, le modèle continental. Monsieur Sedaris avec les quatre implants dans la mâchoire inférieure, monsieur Sedaris avec les dents du bonheur, celui qui transpire si abondamment qu'il perd deux kilos à l'issue de chaque séance. C'est moi, là, qui montre les toilettes et demande à la réceptionniste si je peux utiliser le petit coin, moi qui descends l'escalier en traînant les pieds dans mes vêtements de rechange, avec un sourire doux-amer au goût de sang, moi qui compte les jours en attendant de pouvoir revenir me faire soigner dans cet étrange lieu de socialisation.

Bravo, mon garçon

C'était l'hiver à New York et j'avais du temps à tuer avant d'aller voir un film. Une neige d'une semaine fondait le long des trottoirs, et je regardais les détritus qui en émergeaient quand un homme s'est écrié :

– Arrestation citoyenne !

Sans doute savais-je ce que cela signifiait, mais on n'avait jamais entendu parler d'un type qui l'aurait mise en pratique, et j'en ai déduit qu'il s'agissait d'une blague, genre caméra invisible, ou peut-être d'un film d'étudiant.

– Arrestation citoyenne ! a répété l'individu.

Il se tenait devant une supérette Fairway, à l'angle de Broadway et de la 74e Rue. Des cheveux bien peignés, aux reflets d'étain, couvraient l'arrière et les côtés de son crâne dont le sommet chauve semblait à vif à cause du froid. L'homme portait une doudoune et, en m'approchant de lui, j'ai vu qu'il touchait l'épaule d'un adolescent : il l'agrippait moins qu'il ne le désignait ou le réclamait.

– Arrestation citoyenne ! Arrestation citoyenne !

Je me demandais quel crime avait été commis et, à en juger par le nombre de personnes autour de moi qui s'étaient arrêtées ou avaient au moins ralenti le pas, je n'étais pas le seul. Un truc argenté est tombé par terre, et au moment où je me suis rendu compte que c'était un marqueur magique, un couple est sorti de la supérette – les parents du garçon, ai-je songé, car ils se sont rués vers lui.

– Arrestation citoyenne ! a répété l'homme. Il graffitait la boîte aux lettres !

Je m'attendais à ce que les parents disent : « Il faisait *quoi* ? » mais, au lieu de gronder leur fils à l'air coupable, ils se sont retournés contre le type qui l'avait attrapé.

– Qui vous a donné le droit de porter la main sur notre enfant ?

– Mais la boîte aux lettres, a expliqué l'homme. Je l'ai vu…

– Je me fous de ce qu'il faisait, a rétorqué la femme. Vous n'avez rigoureusement pas le droit de toucher mon fils.

Son ton laissait penser que c'était quelque chose de sexuel, comme s'il avait mis une main aux fesses du garçon et non sur son épaule.

– Non mais pour qui vous prenez-vous ? a-t-elle ajouté.

Puis elle s'est adressée à son mari :

– Douglas, appelle la police.

– C'est en cours, a répliqué celui-ci.

En le regardant composer le numéro, je me suis dit : Vraiment ? C'est ça, votre réaction ? Si j'avais treize ans et que j'aie été surpris en train de graffiter une boîte aux lettres, mes parents auraient remercié l'homme et lui auraient serré la main.

– On va s'occuper de son cas, lui auraient-ils promis.

Puis, sous les yeux de la foule, ils m'auraient corrigé, non pas en m'administrant deux petites claques de théâtre, mais une vraie raclée avec des dents qui sautent et des supplications étouffées. Et ça n'aurait été qu'un début. Non seulement j'aurais été privé d'argent de poche, mais si j'avais voulu jouir de nouveau de ma liberté, j'aurais dû en payer le prix : chaque heure hors de ma chambre m'aurait coûté un dollar, ce qui doit correspondre à environ dix-sept dollars actuels.

– Mais comment voulez-vous que je travaille si je ne peux pas sortir ? aurais-je pleurniché.

– Tu aurais dû y penser avant de souiller cette boîte aux lettres, aurait rétorqué mon père.

Dans le même temps, ma mère m'aurait tenu les mains dans le dos et il m'aurait donné des coups de club de golf. Dans les parties.

Jamais ils ne m'auraient défendu aveuglément. Ils n'auraient même pas voulu connaître ma version des faits, car cela m'aurait élevé au niveau d'un adulte. Si un type bizarre m'accusait d'un délit quelconque, c'était que je l'avais commis. Ou que j'aurais très bien pu le commettre. Ou alors que je songeais à le commettre. Aucune négociation possible, pas de « pédagogie » telle qu'on la comprend aujourd'hui, à l'exemple de ces jeunes mères qui servent de chauffeurs à leurs bambins survoltés dans les supermarchés. Les prénoms de leurs rejetons ont toujours une sonorité vaguement présidentielle, et ils agissent en conséquence.

– Maman a entendu ce que tu as dit au sujet des bonbons, dit la mère, mais maintenant il faut que tu lâches ses cheveux et que tu reposes le paquet de Life Savers maculé de chocolat.

– Non ! hurle McKinley, Madison, Kennedy, Lincoln ou Reagan, le bébé à tête de betterave.

Lorsque je suis témoin d'une scène de ce genre, j'ai toujours envie d'intervenir.

– Écoutez, aimerais-je dire, je ne suis pas parent moi-même mais, à ce stade, je pense que le mieux, ce serait de mettre une gifle à cet enfant. Ça n'arrêtera pas ses larmes, mais il aura au moins une bonne raison de pleurer.

J'ignore comment font les parents pour border leurs gamins, leur raconter des histoires sur des chatons qui se fourvoient ou des phoques en uniforme, et leur raconter de nouveau s'ils l'exigent. Chez moi, nos parents utilisaient une formule toute simple pour nous aider à nous endormir : « Fermez-la ! » C'étaient toujours les derniers mots que nous entendions avant l'extinction des feux. Nos œuvres d'art n'étaient pas accrochées sur le réfrigérateur, ni même à proximité, parce que nos parents les prenaient pour ce qu'elles étaient : de la merde. Ils ne vivaient pas dans une maison d'enfants, nous vivions dans la leur.

Nous n'avions pas non plus le choix en ce qui concernait la nourriture. J'avais un ami qui, du haut de ses sept ans, n'acceptait que les aliments blancs. Si j'en avais fait autant, mes parents auraient dit : « Parfait » et m'auraient servi un bol de colle, suivi de mastic à joints et peut-être aussi de sperme si j'avais été sage. Ils n'étaient certainement pas considérés comme stricts. Ils ne nous maltraitaient pas. Les règles étaient très différentes en ce temps-là, surtout en matière de châtiments corporels. Non seulement vous pouviez battre vos enfants, mais vous aviez aussi la permission de corriger ceux des autres. J'étais en CM2 lorsqu'un môme a traité ma mère de chienne dans la rue.

– Je ne faisais rien d'extraordinaire, a-t-elle dit à mon père. Je ramenais Lisa à la maison après son rendez-vous chez le docteur, et soudain un garçon s'est mis à me crier dessus.

Enceinte de quatre mois de mon frère Paul, elle s'est allumé une cigarette et versé du vin de l'énorme cubi posé à côté du grille-pain.

– Quel garçon ? a demandé mon père.

Il revenait du boulot et sirotait un verre de gin avec des glaçons dans la cuisine. Devant lui, sur le plan de travail, étaient posés des crackers et un rectangle de fromage à tartiner figé dans une sauce dorée.

– Oh, que non ! s'est-il exclamé lorsque j'ai tendu la main vers le couteau. C'est pour moi, nom de Dieu !

– Mais puis-je avoir…

– Si tu veux un en-cas après le boulot, trouve-toi un boulot ! a-t-il objecté, oubliant au passage, enfin je le suppose, que je n'avais que onze ans.

– Alors, c'est qui ce morveux qui a traité ta mère de chienne ? a-t-il demandé. Donne-moi son nom que j'aille lui dire un mot.

J'ai répondu que je l'ignorais, et il m'a regardé d'un air déçu, comme on dévisagerait un type complètement hors du coup.

– Bon, mais t'as pas une idée au moins ?

– Non, aucune.

Dans notre rue, personne n'avait de raison de détester ma mère. Quelqu'un avait probablement voulu tester *in situ* une nouvelle insulte – un peu tardivement d'ailleurs, car notre pâté de maisons l'avait expérimentée des mois plus tôt.

– Une chienne n'est pas seulement la femelle du chien, avais-je expliqué à mes sœurs. C'est aussi une vilaine bonne femme qui ne te laisse pas faire ce que tu veux.

Le jour où l'on a traité ma mère de chienne n'avait rien eu de remarquable. Mon père est revenu du travail comme d'habitude. Il a pris son verre et son petit en-cas. Et lorsque ma mère nous a dit de passer à table, il a ôté sa veste et son pantalon et s'est assis avec nous. De la nappe au sommet de sa tête, il avait l'air d'un employé normal – chemise repassée, cravate dénouée –, mais au-dessous de la ceinture, il n'avait plus que son slip et ses jambes nues.

– Si je comprends bien ce que m'a dit votre mère, quelqu'un lui a lancé une injure pas très jolie cet après-midi, a-t-il commencé en se tournant vers ma sœur aînée. Tu étais dans la voiture avec elle. Tu as une idée de qui c'était ?

Lisa a avancé l'hypothèse qu'il pouvait s'agir de Tommy Reimer, non pas parce qu'elle l'avait vu distinctement, mais parce que la scène s'était déroulée près de chez lui.

– Tommy Reimer, hein ? (Mon père a alors regardé ma mère, assise en face de lui.) C'est pas un des garçons d'Arthur ?

– Oh, Lou, laisse tomber, a soupiré ma mère.

– Comment ça : « Laisse tomber » ? Un gosse qui utilise un langage pareil doit avoir un problème et je vais veiller à ce qu'il soit réglé.

– J'ai peut-être mal compris, a-t-elle répliqué. Ou peut-être m'a-t-il confondue avec quelqu'un d'autre. Oui, c'est probablement ça.

– Tu peux être sûre que je le saurai une fois que je lui aurai parlé, a alors dit mon père, histoire de clore la discussion et de changer de sujet.

Lorsque ses enfants ont grandi et quitté la maison, ma mère s'est mise à manger tard, souvent seule, devant la télé, des heures après avoir servi notre père, mais à cette époque-là, comme presque toutes les familles de notre quartier, nous dînions à dix-huit heures. Ce soir-là, le soleil n'était pas encore couché. On était début septembre et, même si je ne me rappelle pas ce que nous mangions, je me souviens clairement d'avoir sursauté en entendant sonner à la porte.

Oh, mon Dieu, ai-je pensé, comme tous les autres autour de la table. Car lorsqu'on sonnait à l'heure du dîner, notre père se faisait toujours un devoir d'aller ouvrir et d'expliquer à l'importun, d'un ton peu amène, que ce n'était pas une bonne idée de déranger les gens pendant leur repas. Cela pouvait être une voisine ou un de nos amis. Ou bien une jeannette avec des cookies à vendre ou un type étrange avec une pétition à signer, mais lorsque cette porte s'est ouverte en grand, quiconque se trouvait sur le seuil avait la même expression, le même regard interloqué et interrogateur qu'en ces temps plus doux et policés nous traduirions par : « Qu'avez-vous fait de votre pantalon, monsieur ? »

Lisa avait quitté l'école plus tôt, ce jour-là. Une camarade de classe était censée passer déposer un devoir et, pensant que c'était elle, elle a bondi de sa chaise et a couru dans l'entrée en criant :

– Tout va bien, je m'en occupe !

Mon père s'est levé avant de se rasseoir.

– Qui que ce soit, explique-lui que nous sommes en train de dîner, nom de nom !

Puis, en se renfrognant, il s'est tourné vers ma mère :

– Bon sang, qui peut bien avoir l'idée de venir à une heure pareille ?

Nous avons tous tendu l'oreille pour savoir qui c'était et lorsque Lisa a dit : « Oh, salut, Tommy ! », notre père a bondi de sa chaise et s'est rué vers la porte. Lorsque nous l'y avons rejoint, le garçon, un élève de CM1, était collé contre la paroi en séquoia du garage. Mon père l'avait soulevé au-dessus du sol et le tenait par le col tandis que ses petites jambes battaient dans le vide.

– Papa ! avons-nous crié. Papa, arrête ! Ce n'est pas le bon garçon ! Tu cherches Tommy Reimer et lui, c'est Tommy Williams !

– Qui ça ?

Avec sa chemise de travail et son slip, il avait l'air puissant mais surtout ridicule, tel un ours qui se serait déguisé pour un entretien d'embauche.

– Lou, pour l'amour de Dieu, lâche cet enfant ! a ordonné ma mère.

Mon père l'a reposé par terre et Tommy s'est plié en deux pour reprendre son souffle. C'était un garçon rondouillard et son visage plein de taches de rousseur, d'ordinaire plutôt pâlichon, avait pris la teinte d'une pivoine.

– Eh, petit, a susurré mon père, tout à coup aussi doux que transparent. Tu vas bien ? Tu veux une glace ? Qu'est-ce que tu dirais d'une bonne glace ?

– Merci, mais je crois que je vais rentrer, a répondu Tommy d'une voix étranglée.

– Mais non, a insisté mon père en faisant entrer le garçon dans la maison. Nous voudrions que tu restes un peu. Joins-toi donc à nous.

Il s'est alors tourné vers moi et d'une voix plus basse a ajouté :

– Trouve-nous de la glace, nom de nom !

S'il y avait eu un truc de mangeable chez nous, qui aurait vaguement fait penser à de la vraie glace, nous l'aurions englouti depuis longtemps. Je le savais, aussi ai-je fait l'impasse sur le congélateur de la cuisine et celui de la cabane à outils pour aller directement vers celui de la cave, négligé et couvert de ce qui ressemblait à de la toundra. Derrière les poulets achetés en promo, des années plus tôt, et les rôtis figés comme des marrons dans un givre rougi de sang, j'ai trouvé un pot de lait glacé, parfumé à la vanille et couleur de pus. Il était congelé depuis si longtemps que même moi, un enfant, je me suis senti vieux en voyant l'étiquette du prix. « Trente-cinq cents ! On ne trouve plus rien à ce prix-là, aujourd'hui ! » Qu'une telle pensée m'ait traversé l'esprit alors que mon ami, avec sa gorge cramoisie de bouvreuil, était assis à notre table, en dit long sur cette époque. Même si Tommy avait réussi à s'échapper et à rentrer à toutes jambes chez lui, il est peu probable que ses parents auraient appelé la police, et encore moins qu'ils auraient engagé des poursuites et nous auraient condamnés à l'hospice des pauvres. Son père n'aurait adressé aucun reproche au mien lorsqu'ils se seraient croisés dans la rue, et pourquoi en aurait-il été autrement ? Leur fils n'était pas mort ; il avait juste été privé d'oxygène durant une minute. Et cela ne l'aurait-il pas rendu plus fort ?

En ouvrant le lait glacé, je m'étais aperçu qu'il avait dégelé avant d'être remis à congeler. Au-dessous d'une couche de deux centimètres de ce qui ressemblait à de la neige, la texture présentait un aspect douteux – trop lisse et si dur que j'en ai tordu la cuiller en raclant des copeaux fins et translucides. J'ai dû mettre toute mon énergie pour gratter le contenu d'un bol. Puis je l'ai apporté à Tommy et posé devant lui sur la table. C'était étrange, lui face à un dessert pendant que nous autres finissions de dîner. Pendant une minute, il est resté là, à battre des paupières, tête basse. Mon père a décidé de prendre ça pour de l'émerveillement.

– Mais oui, a-t-il dit. Tout ça c'est pour toi. Je suis sûr qu'on peut même te trouver du rab si tu veux.

Tommy nous a regardés, sept paires d'yeux fixées sur lui, et il a tendu la main vers sa cuiller.

– C'est bien, s'est réjoui mon père. Bravo, mon garçon ! Mange !

Penser encore plus différent[1]

Parmi les nombreuses expressions dont nous autres, Américains, avons tendance à abuser, la plus irritante est : « Les aveugles sont aussi humains. » Sans doute le sont-ils, mais le fait de le dire a un côté moralisateur, et laisse penser qu'on se sent directement concerné, comme si tous nos meilleurs amis étaient aveugles – ce qu'ils ne sont probablement pas. Personnellement, je ne connais et n'ai connu aucun aveugle, même si le type à qui j'achetais mes journaux avait de sérieux problèmes de cataracte. Son œil gauche était couvert d'un cache et le droit me rappelait la lune bleu pâle obscurcie par des nuages en mouvement dans les films de loups-garous. Il voyait toutefois assez bien pour repérer une pièce d'un quart de dollar canadien.

– Oh que non, s'était-il exclamé la dernière fois que je lui avais acheté quelque chose.

Puis il avait saisi ma main !

Je l'avais retirée.

– Euh, excusez-moi… Je pense qu'il est temps que j'aille finir mes emplettes.

1. Référence au slogan publicitaire de la marque Apple : « Think Different » (penser différent).

Normalement je dis « mes courses », mais je voulais qu'il me croie canadien, ce qui aurait été exact si j'étais né trois cent vingt kilomètres plus au nord. Ah, le salopard à demi aveugle... On ne m'y reprendra plus à les défendre, lui et ses pareils.

La deuxième expression la plus irritante de ma liste est : « Je n'oublierai jamais le jour où... » Quand quelqu'un l'utilise, je me dis aussitôt : *(Bâillement.) Me voilà encore bon pour une histoire barbante.* Prenez la fête organisée tous les ans dans ma résidence, le soir du 4 Juillet. J'y suis allé l'été dernier et me suis retrouvé au bord de la piscine avec ce type prénommé Teddy, qui habite deux étages au-dessous du mien, et une femme du rez-de-chaussée. Le feu d'artifice venait de se terminer et, soudain, de manière complètement impromptue, Teddy a baissé les yeux vers l'eau de la piscine et a déclaré d'une voix lugubre, comme si cela s'était passé la veille et non un an plus tôt :

– Je n'oublierai jamais le jour où ma fille de cinq ans s'est noyée...

La femme du rez-de-chaussée a posé la main sur son épaule et a dit :

– Oh, mon Dieu. Je n'ai jamais rien entendu d'aussi triste...

Quant à moi, je restais planté là à songer qu'on ne devrait jamais dire *jamais*, surtout à propos de choses dont on se souviendra. Les gens vieillissent et vous seriez surpris de constater tout ce qu'ils oublient. Par exemple, il y a plusieurs semaines, j'ai appelé ma mère pour lui souhaiter un joyeux anniversaire, son quatre-vingtième.

– J'imagine que tu aimerais que papa soit toujours là, ai-je dit. Comme ça, vous pourriez souffler ensemble tes bougies.

– Mais il est toujours vivant, a-t-elle répliqué.

– Ah bon ?

– Bien sûr, enfin ! Qui a répondu au téléphone, à ton avis ?

Et voilà, je viens d'avoir cinquante ans et j'ai oublié que mon père n'est toujours pas mort ! Pour ma défense, il faut quand même avouer qu'il n'est pas très loin de l'être. Il est encore en bonne santé pour le moment, mais il ne fait plus tous ces trucs dont il avait l'habitude autrefois, comme me donner de l'argent de poche ou m'apprendre à faire du vélo.

On oublie naturellement certaines choses – les mots de passe d'ordinateur, la relation continue de son père avec la vie – et il y a celles qu'on ne peut oublier mais qu'on aimerait se sortir de l'esprit. Une fois, par exemple, lorsque j'étais en CE2, j'ai vu notre chien Pepper arracher la tête d'un bébé lapin d'un coup de crocs. Je veux vraiment dire d'un seul coup, comme je ferais sauter le couvercle d'une boîte d'aspirine. Ça, je peux m'en souvenir comme si c'était hier, alors que la naissance de mon premier enfant... blanc total. Je suis sûr que j'étais dans la salle d'accouchement. Je me souviens aussi que j'écoutais de la musique sur mon Walkman, mais pour ce qui est du bébé... rien. Je ne saurais même pas dire si c'était un garçon ou une fille, mais c'est normal pour un premier mariage.

Le Walkman, en revanche, je n'oublierai jamais son poids ni la façon dont il se lovait dans la poche de ma veste. Aujourd'hui, évidemment, ce serait comme se balader avec une brique, mais à cette époque, il était difficile d'imaginer un objet plus moderne. Quand le premier iPod est sorti, je me rappelle avoir pensé que cela ne durerait pas. Amusant, non ? C'est ce que les vieilles barbes croyaient lorsque la voiture a été inventée, sauf que maintenant, la vieille barbe, c'est moi ! Je me suis accroché à mon Walkman jusqu'à l'arrivée sur le marché de l'iPod Shuffle, là je me suis dégonflé et j'en ai acheté un.

Plus tard, je me suis remarié. Ça a duré jusqu'à l'iPod nano, que l'enfant issu de cette union – un garçon, j'en suis presque certain – a jeté dans les toilettes avec mon portefeuille et les clés de ma voiture. Plutôt que de les repêcher et de me salir les mains, j'ai abandonné femme et enfant et ai déménagé à l'endroit où j'habite aujourd'hui, la résidence mentionnée ci-dessus. J'ai d'abord songé à remplacer mon nano, et puis j'ai préféré attendre un peu et m'acheter un iPhone, que j'utilise spécifiquement pour ne pas appeler mes ex-femmes ou les enfants qu'elles m'ont faits dans le dos. Même si c'est fatigant pour les yeux, je m'en sers aussi pour lire le journal, alors prends-toi ça dans les dents, vendeur de journaux : je suis peut-être devenu à moitié aveugle, mais toi, tu es au chômage !

L'iPhone 2 m'a conduit au 3, mais je n'ai acheté ni le 4, ni le 5 parce que je me réserve pour le 7 qui – je le tiens de source sûre – peut aussi faire office de Taser. Comme ça, j'aurai une chose de moins à trimballer. Et n'est-ce pas là le rôle de toute cette technologie, d'alléger notre fardeau et d'élargir notre horizon ? De nous permettre de parler à notre notaire, d'écouter un album de Styx, de consulter les notices nécrologiques de la ville où nos parents continuent de vivre, de filmer une émeute raciale, d'envoyer un texto et de neutraliser un individu d'une décharge électrique, tout ça en même temps ?

Faire tout ça au volant est illégal là où je vis, aussi vais-je déménager dans une contrée où la liberté a encore du sens. Je ne vous dirai pas où c'est, parce que je veux que l'endroit reste intact. Je vous révélerai juste que c'est l'un des rares États où les déficients mentaux peuvent légalement posséder des armes à feu. Avant, ils n'avaient droit qu'aux mousquets, mais maintenant, ils peuvent se procurer tout ce qu'un type normal est autorisé à porter ou à dissimuler sur lui. Si vous estimez qu'une personne souffrant de troubles mentaux ne devrait pas pouvoir se présenter avec un fusil à canon scié dans l'église où son ex-petite amie se marie, c'est que vous êtes en partie responsable du problème. La vérité, c'est que les dingues – qui ne sont jamais que des gens normaux mais incompris – ont autant le droit de se protéger que nous.

Vivez libre et votre imagination s'épanouira. Si j'étais né dans l'État où je vais déménager, qui peut dire ce que je serais aujourd'hui ? Un chirurgien-dentiste, peut-être, ou le chef du pays. D'autres rois me rendraient hommage en m'offrant du bétail et des pierres précieuses, mais, au fond de moi, je ne crois pas que je serais si différent de celui que je suis aujourd'hui : un gars tout simple avec un téléphone, qui attend le jour où il pourra s'en acheter un modèle encore plus récent.

Trous de mémoire

Je me suis toujours dit que je me mettrais à l'opéra à cinquante ans – à fond, pas de manière superficielle : j'étudierais les compositeurs, j'apprendrais l'italien, peut-être même achèterais-je une cape. Cela me semblait être le genre d'occupation digne d'absorber une personne d'un certain âge. Puis, quand j'ai eu cinquante ans, au lieu de me passionner pour l'opéra, j'ai découvert la natation. Ou plutôt, j'ai *redécouvert* la natation. Je sais nager depuis l'âge de dix ans : j'ai appris au club de loisirs de Raleigh. Celui de Caroline était mieux, mais je ne crois pas qu'on y acceptait les Nordistes. Ni les juifs, si ma mémoire est bonne. Les seuls Noirs dont je me souvienne étaient des employés, et tout le monde les appelait par leur prénom, même les enfants.

Le barman s'appelait Ike. Vous aviez onze ans, monsieur Sedaris.

Le meilleur des deux clubs s'appuyait sur un principe de base : Raleigh comptait, ses vieilles familles étaient dignes de considération et il leur fallait un lieu où elles puissent se fréquenter sans être dénigrées. Si nous n'avions pas jugé cela risible, le cas de notre club de loisirs aurait été désespéré. Mais nous préférions nous dire : « Regardez tout l'argent que vous économisez en n'étant pas assez bons ! »

Je ne peux pas me prononcer sur les terrains de golf des deux clubs, mais leurs piscines étaient de la même taille et, par un après-midi torride et sans vent, on pouvait probablement détecter leur odeur à une même distance. Des fosses à chlore, voilà ce qu'elles étaient. Des bains chimiques. Dans le grand bassin, mes sœurs et moi nous amusions à plonger pour récupérer des pièces de dix cents. On en jetait une dans l'eau et, quand nous l'avions repêchée, la moitié du visage de Jefferson était déjà rongée. À l'heure du déjeuner, nous faisions la queue au snack-bar : nos cheveux avaient alors pris la texture d'une barbe à papa et nos petits yeux irrités étaient rouges comme des canneberges.

J'ai pris mes premières leçons en juin 1966, l'année de notre adhésion au club. L'été suivant, je figurais dans l'équipe de natation. Cela a tout l'air d'un succès, sauf qu'en 1967, je crois bien que n'importe qui pouvait intégrer l'équipe du club de loisirs de Raleigh. Il suffisait de se présenter et de porter un slip de bain orange.

Avant mon premier entraînement, je mettais la natation dans la même catégorie que la marche ou le vélo : des activités permettant de se déplacer d'un point à un autre. Je ne m'étais jamais demandé si j'y excellais ou pas. C'était seulement en compétition que je ressentais de la gêne et de l'angoisse. Pour être plus précis, c'était seulement quand j'étais en compétition avec des garçons. Je n'avais aucun problème avec les filles, surtout si elles étaient plus jeunes que moi. Plus jeunes que moi et handicapées, de préférence. Contre une adversaire de CP avec une attelle à la jambe, je faisais bouillonner l'eau comme un hors-bord. Quand il s'agissait de gagner, je n'étais pas du genre à noyer le poisson.

La plupart de mes rubans me furent décernés pour mon esprit sportif, une marque de reconnaissance équivoque s'il en est. Au moment où le pistolet de départ était levé, je regardais mes adversaires se tortiller sur place. Les parents braillaient à distance des encouragements alcoolisés, et je me rendais alors compte que l'un de nous allait devoir perdre et que je pouvais arranger ça pour tout le monde. Car, que je finisse placé ou bon dernier, je n'éprouvais que du soulagement à l'arrivée. La course était terminée et je pouvais enfin rentrer chez moi. Puis la compétition suivante était annoncée et tout recommençait : les nuits sans sommeil, les crampes d'estomac, l'impression paralysante et envahissante d'être condamné à l'échec. Mes sœurs Lisa et Gretchen faisaient aussi partie de l'équipe, mais je ne crois pas que ça les perturbait autant que moi. À mes yeux, chaque journée de compétition était identique à la précédente.

– M'man, disais-je d'une voix gémissante comme si j'appelais au secours de sous un rocher. Je ne me sens pas très bien. On devrait peut-être…

– Oh, que non !

Si j'avais essayé d'échapper à l'école, elle m'aurait au moins permis de plaider ma cause, mais elle n'avait pas à se montrer à l'école. Au club, elle était au four et au moulin, s'esclaffant avec Ike au bar et avec les autres femmes dans le restaurant à côté du green. Quand l'été était bien avancé, nous passions des journées entières à la piscine, nous à nager, elle à rôtir sur une chaise longue. De temps à autre, elle faisait trempette, histoire de se rafraîchir, mais elle ne savait pas nager et ne nous croyait pas capables de la sauver de la noyade. Alors elle allait dans le petit bain et, de l'eau jusqu'à la taille, elle laissait tomber les cendres de sa cigarette sur le rebord mouillé, puis les dissolvait avec son doigt.

Il y avait un groupe assez important de femmes comme elle, unies par une même envie de tranquillité. Si vous couriez vers votre mère pour vous plaindre de quelque chose, vous n'aviez pas le temps d'ouvrir la bouche que l'une de ses voisines disait : « Allons, allons, on ne joue pas les commères ! » ou « De toute façon, tu aurais fini par la perdre, cette dent. Retourne dans l'eau, maintenant ». Il me semble les revoir, par une chaleur accablante, sans parasol mais avec des lunettes de soleil et badigeonnées d'huile de bronzage qui leur donnait une odeur de noix de coco.

La piscine était le domaine des femmes et des enfants jusqu'au moment où les compétitions de natation débutaient, généralement à six heures. Alors on commandait des boissons et les papas rappliquaient. Pour la plupart d'entre eux, ça n'était qu'un événement supplémentaire auquel ils devaient assister. Leur fils était probablement dans l'équipe de football de l'école ou dans celle de basket. Peut-être aussi dans celle de base-ball. Pour mon père, en tout cas, ça s'arrêtait là, et selon moi, il aurait dû m'en être reconnaissant. Songez à tout le temps libre que lui laissait ma phobie du sport : il avait toutes ses soirées et tous ses week-ends pour lui.

Rétrospectivement, je ne peux pas dire que j'étais un mauvais nageur, j'étais juste moyen. J'ai fini plusieurs fois troisième et une fois ou deux, quand j'ai été dans une équipe de relais, nous avons gagné, même s'il aurait été difficile de m'en attribuer le mérite. De temps à autre, nous nous affrontions entre membres du club, nous contre nous, et dans ces compétitions comme dans les plus importantes, la vedette était un garçon nommé Greg Sakas. Il était à peu près de ma taille mais plus jeune de quelques années, avait des cheveux très blonds et des jambes pas plus épaisses que des cordes à sauter.

– Bon Dieu, ce Greg Sakas, t'as vu à quelle vitesse il nage ? a dit mon père sur le chemin du retour, après ma première course. Ma parole, ce gosse est *fan-tas-tique* !

Au début, ça ne me dérangeait pas. Greg n'en rajoutait pas. Son père n'était pas trop mal et tout le monde adorait sa mère. C'était une des rares qui pouvaient se permettre de porter un bikini, couleur chocolat en plus, ce qui fait qu'au milieu de l'été, on avait l'impression qu'elle était nue.

– Votre fils, c'est vraiment quelque chose, ai-je entendu mon père lui dire après la deuxième course. Vous devriez apporter une caméra.

Sur la route, il avait répété la conversation à ma mère.

– Je lui ai dit : « Envoyez le film à un entraîneur professionnel, ça le fera baver d'envie ! Votre fils est un crack. De la graine de champion olympique, je vous jure ! Il a la vitesse, le caractère, tout ce qu'il faut ! »

Bon, ai-je alors pensé, *maintenant, tu peux la fermer au sujet de Greg Sakas.*

Nous avions un break à l'époque, et ma sœur Gretchen et moi étions assis dans ce que nous appelions le « fourgon de queue », là où l'on rangeait les commissions. Quand elle était bébé, un chien l'avait mordu au visage et lui avait laissé une cicatrice presque invisible, sauf lorsqu'elle était bronzée. On aurait dit alors que quatre 1 barrés d'un trait étaient écrits à la craie sur sa joue.

– C'est pour les gamins qui se sont mesurés à lui que je suis désolé, a continué mon père. Ces clowns n'avaient aucune chance. Et vous avez entendu ce qu'il a dit quand on lui a remis son ruban bleu ? Bon sang, qui aurait cru que Greg Sakas était aussi drôle ? Et beau gosse avec ça. Un sacré bonhomme, il a tout pour lui.

Dans sa jeunesse, ma sœur était ce qu'on appelle enveloppée, et plus mon père parlait de Greg, plus cela semblait attirer l'attention sur sa surcharge pondérale.

– Eh ! me suis-je exclamé. Gretchen prend le soleil. Vous sentez l'odeur de bacon frit ?

Ma sœur s'est tournée vers moi avec l'air de dire : *On n'était pas copains il y a deux minutes ? Quelle mouche te pique ?*

– Maman devrait peut-être la mettre au régime, ai-je suggéré. Ça l'aiderait à perdre du lard.

– En fait, ce n'est pas une mauvaise idée, a dit mon père.

Ma mère, enceinte depuis peu, pensait avoir pris du poids et elle a ajouté son grain de sel, et moi, triomphant, j'ai enfin pu me détendre. C'était l'avantage d'être une famille nombreuse. Je préférais éviter de braquer les projecteurs sur Lisa – Mademoiselle Parfaite –, mais il y en avait trois autres, et bientôt quatre, à cibler, toutes plus jeunes que moi, avec leurs défauts particuliers : dents de lapin, mauvais carnets scolaires… C'était comme pêcher des poissons dans un tonneau. Même si je finissais par être puni, c'était toujours un moyen de changer de chaîne, dans ce cas précis de passer du *Greg Show* au *David Show* qui, ce jour-là, était sponsorisé par les problèmes de poids de Gretchen. Dans le même temps, mes sœurs avaient leurs propres changements de chaîne à opérer, et quand cela dépassait la mesure et que mes parents en avaient assez, ils arrêtaient la voiture et nous faisaient descendre. Leur endroit favori – qu'ils avaient littéralement marqué avec leurs traces de pneus – se situait au pied d'une colline escarpée. La distance jusqu'à la maison n'était peut-être pas très grande, huit cents mètres environ, mais elle paraissait deux fois plus longue sous un soleil de plomb, la pluie ou, pire encore, un orage.

– Bah, c'est juste des éclairs de chaleur, disait mon père. Ça ne va tuer personne. Maintenant, sortez de ma voiture !

Des voisins passaient et, lorsqu'ils klaxonnaient, je me rendais soudain compte que j'étais en maillot de bain. Alors j'enroulais ma serviette comme une jupe autour de ma taille et rappelais à mes sœurs que ce n'était pas efféminé mais *égyptien*, et toc.

Détourner l'attention sur le poids de Gretchen était le genre d'attitude que ma mère comparait à « remuer la merde », et j'en ai beaucoup remué cet été-là. *Papa préférerait avoir Greg Sakas pour fils*, pensais-je, et je réagissais en me comportant comme un gamin imbuvable.

– Qu'est-ce qui t'arrive ? ne cessait de me demander ma mère.

J'aurais bien voulu le lui dire, mais plus encore qu'elle le découvre par elle-même. *Comment peut-elle ne pas s'en apercevoir ?* Je n'arrêtais pas de me poser la question. *Il ne parle que de ça.*

La compétition suivante a été une réplique des deux premières. Sur le chemin du retour, je me trouvais de nouveau dans le « fourgon de queue » – tout était bon pour mettre de la distance entre mon père et moi.

– Tu sais quoi ? Ce Greg Sakas est magique. Le succès est écrit sur son front, et quand il décrochera la lune, je lui dirai : « Eh, mon ami, tu te souviens de moi ? J'ai été le premier à remarquer à quel point tu étais spécial. »

Il parlait comme s'il s'y connaissait vraiment en natation, qu'il était un détecteur de talents du Poseidon[1] ou un truc de ce genre.

– Le papillon est son point fort mais il ne faudrait pas mépriser son crawl ou même sa brasse pour autant. Quand je regarde ce garçon évoluer dans l'eau, j'ai l'impression de voir un requin !

Ses paroles étaient censées s'adresser à ma mère qui regardait par la fenêtre et parfois lâchait un soupir.

– Oh, mince, Lou. Qu'est-ce que j'en sais, moi...

Elle ne faisait rien pour relancer la conversion, aussi ne pouvais-je qu'en déduire qu'il disait ces choses à mon intention. Autrement, pourquoi aurait-il parlé si fort et cherché mon regard dans le rétroviseur ?

Une fois, sur le chemin du retour, j'ai pris la poupée Barbie de ma sœur Amy, l'ai attachée par les pieds au bout de ma serviette de plage, l'ai descendue par la fenêtre du « fourgon de queue » et traînée sur le macadam pendant que nous roulions. De temps à autre, je la remontais pour examiner les dégâts : la manière dont l'asphalte râpait ses cheveux d'un côté de sa tête et réduisait en bouillie son petit nez en trompette. *Que fabrique*

1. Grand club de natation de Virginie.

Greg à cet instant précis ? me suis-je demandé. *Son* père l'aimait-il autant que le mien ? C'était un enfant unique et il y avait donc des chances pour qu'il soit traité aussi royalement chez lui qu'au club. J'ai redescendu la poupée par la fenêtre et lâché la serviette. La voiture derrière nous a klaxonné, je me suis baissé et j'ai fait un doigt d'honneur au conducteur.

Vers la mi-juillet, j'ai supplié mes parents de me laisser quitter l'équipe, mais ils ont refusé.

– Tu es un bon nageur, a dit ma mère. Pas le meilleur, peut-être, et alors ? Qui veut être le meilleur à quelque chose qu'on fait en maillot de bain ?

L'hiver suivant, ma grand-mère grecque a été renversée par un camion et elle a quitté l'État de New York pour venir vivre chez nous. L'emmener au club aurait déprimé les autres membres. Avec ses robes noires sinistres et ses longs cheveux gris attachés en chignon, elle était l'équivalent humain d'un nuage d'orage. Je me suis dit qu'elle allait torpiller le planning de nos passages à la piscine, mais lorsque Memorial Day[1] est arrivé, tout s'est passé comme d'habitude.

– C'est une grande fille, a dit ma mère. Elle peut rester toute seule à la maison.

– Mais on devrait peut-être rentrer avant cinq heures, au cas où elle tomberait dans l'escalier ou aurait un accident de ce genre, non ? (Je ne voulais pas qu'elle me gâche mon été, je voulais simplement rester à l'écart de l'équipe de natation.) Je pourrais rentrer plus tôt pour être avec elle.

– Pas question, a répliqué ma mère. Une bonne chute dans l'escalier, c'est exactement ce que j'espère.

1. Célébré chaque année le dernier lundi du mois de mai, en hommage aux soldats américains morts au combat.

J'ai aussi cru que la naissance de mon frère Paul limiterait nos heures de piscine mais, là encore, pas de chance. Ce soleil torride ne pouvait profiter à un nourrisson de six mois. C'est sans doute pour cette raison qu'il ne pleurait jamais. Il devait être en état de choc. Le seul bébé que j'aie jamais vu avec une marque de bronzage…

– Il est mignon, a dit Greg un après-midi, et je me suis inquiété qu'il puisse séduire Paul et ma mère comme il avait réussi à le faire avec mon père.

L'été 68 a été encore pire que le précédent. Une fois par semaine, le club s'est mis à servir des côtes de bœuf. Le costume était alors de rigueur, ce qui signifiait que je devais porter ma veste sport en laine bleue. Suant au-dessus de mon cocktail aux fruits, je regardais mon père aller de l'un à l'autre, s'arrêter à la table des Sakas et poser la main sur l'épaule de Greg, geste qu'il n'avait jamais eu pour moi. Il y avait peu de monde que je détestais véritablement en ce temps-là – trente personnes, quarante-cinq tout au plus – et Greg était en tête de liste. Le pire, c'est que ça ne venait même pas de moi. On m'avait *forcé* à le détester ou, plutôt, on m'avait forcé à me détester de ne pas être lui. Nous n'étions pourtant pas si différents, lui et moi : même taille, même corpulence. D'apparence, Greg n'avait rien d'extraordinaire. Il n'était certainement pas un intellectuel. Je commençais même à m'apercevoir qu'il n'était pas si bon nageur que ça. Rapide, certes, mais il s'agitait beaucoup trop dans l'eau. J'ai attiré l'attention de mon père sur ce point, et il a mis ça sur le compte de mon dépit :

– Tu ferais peut-être bien d'améliorer tes mouvements avant de critiquer ceux des autres.

Les choses s'arrangeront à la fin de l'été, ne cessais-je de me répéter. Nous avons continué à nous rendre au club pour les côtes de bœuf, mais Greg n'était pas toujours là et, sans les courses de natation, mon père ne trouvait plus de quoi faire des histoires. Au début de l'automne, il s'est entiché d'un garçon de ma troupe de scouts. Mais mon père ne comprenait pas vraiment ce qui se passait chez les scouts. Cette année-là, l'épreuve la plus difficile que nous avons dû surmonter, ça a été d'emballer une patate dans du papier alu, et je m'en suis sorti aussi bien qu'un autre. Puis, un soir, alors qu'il regardait l'*Andy Williams Show* à la télé, il est tombé sur Donny Osmond.

– Je viens juste de voir ce gosse et je peux te dire qu'il m'a carrément bluffé. Le chant, la danse, ce garçon va casser la baraque : souviens-toi de mes paroles !

– Tu ne l'as pas découvert, ai-je dit à table, le lendemain soir. Si quelqu'un passe dans l'*Andy Williams Show*, ça signifie qu'il a déjà été repéré. Arrête d'essayer de t'en attribuer le mérite.

– Oh, mais c'est qu'on est susceptible, hein ? a répliqué mon père en levant son verre. Je me demande quand Donny va repasser.

– C'est les frères Osmond, ai-je rectifié. À l'école, les filles parlent d'eux tout le temps. Il n'est pas seul, c'est un groupe.

– Sans lui, non. Donny est la vedette. Sors-le du tableau, et les autres ne sont plus rien.

Lorsqu'ils sont repassés dans l'*Andy Williams Show*, mon père est venu me chercher dans ma chambre et m'a forcé à regarder.

– Il n'est pas fantastique ? Non mais regarde ce gosse ! Bon sang, t'arrives à le croire ?

Lutter contre des célébrités, des gens qui n'étaient « vrais » sous aucun rapport, était un combat perdu d'avance. Je le savais aussi bien que mon nom de scout et mon numéro de troupe, mais plus mon père en rajoutait sur Donny Osmond, plus je me sentais menacé et insignifiant. Le pire, c'est qu'il n'aimait même pas ce genre de musique.

– D'habitude, non, a-t-il dit quand j'ai mis le sujet sur la table. Mais il y a quelque chose chez Donny qui me l'a fait aimer. (Il a marqué une pause.) Et le plus fou, c'est qu'il est encore plus jeune que toi…

– D'un an.

– Oui, eh bien c'est plus jeune.

Je n'ai jamais su si mon père agissait ainsi pour me blesser ou pour m'encourager, mais il a parfaitement réussi sur les deux tableaux. Je me souviens que je me trouvais au club le jour où les hommes ont marché sur la Lune, pendant l'été 69. Quelqu'un avait installé une télé sur la chaise du maître nageur, nous étions tous regroupés autour et je me suis dit qu'il y avait au moins une chose qui prenait plus de place que Donny Osmond et Greg Sakas et qu'elle était un peu plus petite que moi.

Le jour de la fête du Travail[1], à l'occasion de la dernière compétition interne de la saison, j'ai battu Greg dans l'épreuve de nage papillon.

– Tu as regardé ? Tu as vu ça ? J'ai gagné !

– Peut-être, mais il s'en est fallu d'un cheveu, a dit mon père sur la route du retour à la nuit tombante. D'ailleurs, ça fait combien de fois ? Une sur cinquante ? Je ne crois pas qu'il y ait de quoi se vanter.

J'ai alors pensé : *D'accord, alors c'est comme ça.* Mon père fonctionnait comme un instructeur des Marines, sauf qu'au lieu de me mettre en pièces, puis de recoller les morceaux, il se contentait de faire la moitié du boulot et de tout laisser en plan. Ça peut sembler cruel, et même relever de la maltraitance, mais tout ceci se passait avant l'invention de l'estime de soi qui, pour être honnête, me semble un peu surcotée.

Je suis sûr que mon père me disait un tas de choses normales pendant mon enfance, mais ce qui m'est resté, probablement

1. Célébrée le 1er lundi de septembre.

parce qu'il l'a répété au moins dix mille fois, c'est : « Tout ce que tu touches se transforme en merde. » Son autre slogan était : « Tu sais ce que tu es ? Un bon gros zéro. »

Je me rappelle avoir pensé : *Je te montrerai.* Lui prouver qu'il avait tort, c'est ce qui me faisait me lever chaque matin, et lorsque j'essuyais un échec, c'est ce qui me faisait me relever. Je me souviens de l'avoir appelé au cours de l'été 2008 pour lui annoncer que mon livre était en tête de la liste des meilleures ventes du *Times*.

– Peut-être mais pas de celle du *Wall Street Journal*, a-t-il répliqué.

– Ce n'est pas vraiment la liste qui intéresse les lecteurs, lui ai-je dit.

– Ah non ? Alors pourquoi je m'y intéresse ?

– Tu es un lecteur ?

– Je lis. Bien sûr.

J'ai alors repéré son *Droit au putt* qui prenait la poussière sur la plage arrière de sa voiture.

– Bien sûr que tu lis, ai-je soupiré.

Être numéro 1 du *Times* ne signifie pas que votre livre est bon, seulement qu'un tas de gens l'ont acheté cette semaine-là. D'ailleurs, peut-être se sont-ils fait avoir ou n'ont-ils jamais été particulièrement brillants. Ce n'est pas comme gagner le prix Nobel de littérature, mais tout de même, si c'est votre gamin qui l'est, n'êtes-vous pas censé vous réjouir pour lui et lui prodiguer des encouragements ?

Évidemment, si une grande partie du livre parle de vous et du bouffon qu'il vous arrive d'être, cela complique un peu la situation. Dans ce cas particulier, être numéro 1 signifiait qu'un tas de gens allaient lire que mon père se balade en slip chez lui et qu'il tape sur la tête de son prochain avec une cuiller. Alors peut-être avait-il le droit de ne pas déborder d'enthousiasme…

Lorsque je lui ai annoncé que je m'étais remis à la natation, mon père s'est exclamé :

– Bravo, mon gars !

C'est l'expression qu'il emploie chaque fois que je fais quelque chose dont il pense m'avoir donné l'idée.

– Je reprends mes études.

– Bravo, mon gars !

– Je compte me faire rectifier les dents.

– Bravo, mon gars !

– Mais, réflexion faite… ai-je toujours envie d'ajouter.

Ce n'est pas l'approbation de mon père qui me dérange mais mon espoir infantile que, pour une fois, elle se prolongera. Il apprécie que j'aie repris la natation, alors peut-être aimera-t-il la maison que j'ai achetée (« Ouah, ils t'ont vu venir ! ») ou la veste sport que j'ai rapportée de mon dernier séjour au Japon (« T'as l'air d'un vrai clown ! »).

Greg Sakas aurait fini par subir le même traitement, ainsi que les autres fils rêvés qu'il m'a opposés tout au long de mon adolescence. Aussitôt qu'ils se seraient habitués au goût sucré de son approbation, il n'aurait pas eu d'autre choix que de les en priver, non pas parce qu'ils auraient commis quelque impair mais parce que c'est dans sa nature. Quand cet homme voit une étincelle, il ne peut pas s'empêcher de l'éteindre.

Il y a peu de temps, je me trouvais à Las Vegas et, en levant les yeux, j'ai vu Donny Osmond qui me souriait sur un panneau d'affichage à peine moins large que le ciel.

– *Toi*, ai-je murmuré.

Quelques heures plus tard, je repensais à lui en faisant mes longueurs dans la piscine de l'hôtel. Puis j'ai songé à Greg, et cela m'a immédiatement ramené au club de loisirs de Raleigh. Le jour de la fête du Travail, en 1969. Une grosse foule s'était rassemblée pour la compétition interne, des odeurs de chlore et de fumée de barbecue stagnaient dans l'air. Le côté minable de la natation, c'est qu'on ne voit pas grand-chose quand on nage : le fond du bassin, à coup sûr, une image brouillée et flottante de l'extérieur dès qu'on tourne la tête pour respirer. Mais on ne peut fixer le regard sur rien et surtout pas sur le visage d'un homme au bord de la piscine quand, pour la première fois de sa vie, on prend la tête d'une course et qu'on la gagne.

Un ami dans le ghetto

Je me trouvais à Londres et observais du coin de l'œil un hélicoptère dans le lointain, quand le téléphone a sonné. C'était un démarcheur d'un centre d'appel situé à l'étranger.

– Monsieur Sedriz ? a-t-il demandé. Est-ce bien à lui que j'ai le plaisir de m'adresser ?

L'homme parlait avec un accent, et même si je n'arrivais pas à deviner précisément son origine, je savais qu'il était pauvre. Il avait des serpents dans la voix. Et de la dysenterie, et des mangues.

– Ce matin, j'espère éveiller votre intérêt pour un nouveau téléphone portable, a-t-il poursuivi. Mais pas *n'importe* quel téléphone portable ! Celui-ci prend des photos que vous pouvez envoyer à vos amis.

– Je suis désolé, ai-je répondu, mais je n'ai pas d'amis.

Il a gloussé.

– Non, mais sérieusement, monsieur Sedriz, ce nouveau téléphone qui prend des photos est bien supérieur à celui que vous possédez déjà.

Lorsque je lui ai dit que je n'en avais pas, il a répliqué :

– Mais c'est encore mieux !

– Non, ai-je rectifié, je n'en veux pas. Je n'en ai pas besoin.

– Comment pouvez-vous ne pas avoir besoin d'un téléphone portable ?

– Parce qu'on ne m'appelle jamais ?

– Mais comment peut-on ne jamais vous appeler ?

Je lui ai dit que ma ligne fixe me suffisait.

– Mais si vous avez un portable, les gens auront plus de considération pour vous, a-t-il insisté. Je le sais : c'est un fait. En plus, vous avez droit à une période d'essai gratuite, alors vous devriez peut-être voir ça comme un cadeau provisoire !

Hugh aurait raccroché dès que son nom aurait été mal prononcé, mais je n'ai jamais pu réagir comme ça, quel que soit le niveau de ma frustration. Un court-circuit se produit entre mon cerveau et ma langue : ainsi « Foutez-moi la paix ! » devient « Bon, peut-être… Bien sûr… Je comprends ce que voulez dire ».

Mais ce ne fut pas le cas cette fois-ci.

– Écoutez, ai-je fini par dire, vous essayez de me fourguer un téléphone qui prend des photos, mais c'est comme tenter de me vendre… un raton laveur.

Il y a eu un silence et, quand je me suis rendu compte qu'il ignorait ce qu'était un raton laveur, j'ai tâché de trouver un substitut, un animal de taille similaire qui vit dans un pays pauvre.

– … Ou une mangouste… Ou un ratel…

– Je vais vous envoyer ce téléphone, monsieur Sedriz, et s'il ne vous donne pas satisfaction, vous pourrez le retourner sans frais au bout de trois semaines.

– Mais c'est précisément le problème. Il ne me donnera pas satisfaction. Je ne le sortirai pas de sa boîte et quel intérêt de recevoir quelque chose si c'est uniquement pour le réexpédier ?

L'homme a réfléchi un moment et soupiré.

– Vous, monsieur Sedriz, vous êtes un réaliste et ça me plaît. Je sens bien que vous ne voulez pas d'un téléphone portable, mais j'ai apprécié notre conversation. M'autoriseriez-vous à vous rappeler un de ces prochains jours ? Nous ne serions pas obligés de parler affaires, nous pourrions aborder le sujet de votre choix.

– Oui, bien sûr, ai-je répondu. Ce serait formidable.

Le lendemain matin, mon téléphone a sonné et j'ai été sincèrement désolé que ce ne soit pas lui. La vérité, c'est que notre conversation m'avait enchanté. La partie commerciale avait été un peu lassante, mais une fois que nous avions franchi ce cap, j'avais espéré que nous pourrions passer à autre chose et que l'écouter serait comme lire ce genre de livres que j'aime tant, ces récits de vies diamétralement différentes de la mienne. Par « différentes », je veux dire « pires ». Un type résidant dans un hôtel particulier tout en marbre rose, très peu pour moi, mais un malheureux qui croupit dans un vieux réfrigérateur au bord d'un fossé, alors là, oui, appelez-moi ! Passez même me prendre !

« On a besoin de ces gens-là pour se sentir mieux dans sa peau », disait souvent ma mère. La première fois, j'avais quatorze ans et j'entrais en troisième. Notre système scolaire venait juste d'abolir la ségrégation raciale, et je voulais inviter une de mes nouvelles camarades à une fête organisée dans la résidence de ma grand-mère. La fille que j'avais en tête – je l'appellerai Delicia – était à peu près tout le contraire de moi : elle était noire, j'étais blanc ; elle était grosse, j'étais maigre ; et même si ma famille se maintenait avec peine dans la classe moyenne, j'étais sûr qu'elle était riche comparée à la sienne.

Les gamins qui se rendaient en bus à l'école étaient du sud de la ville. C'était la zone qu'on traversait en voiture, portières et fenêtres fermées, même quand on crevait de chaud, pour aller à la plage. J'ignorais laquelle de ces maisons délabrées était celle de Delicia, mais je supposais que c'était la plus décrépite. Même sur son trente et un, cette fille aurait eu l'air d'une pauvre, pas du genre insolente ou rebelle, mais plutôt à cesser de lutter et accepter son sort. Ses vêtements semblaient d'occasion : ils avaient probablement été jetés et auraient mieux convenu à une femme mal fagotée qu'à une adolescente. Ses chaussures étaient aplaties comme des pantoufles au niveau des talons et elle suait beaucoup et s'essoufflait vite à cause de sa surcharge pondérale.

Une des choses que les habitants du nord de la ville ont apprises cette année-là, c'est que les Noirs se discriminent entre eux comme le font les Blancs, et souvent pour les mêmes raisons. Delicia avait la peau sombre et cela paraissait lui poser plus de problèmes que son poids. Son apparence avait quelque chose de vieillot : ses joues pleines et rondes, son regard étonné, le blanc de ses yeux resplendissant sur le fond noir de son visage.

Cette année-là, dans notre collège, nous comptions deux élèves noires en surpoids manifeste, et j'étais toujours surpris quand les autres les confondaient. La seconde fille, Debra, avait des cheveux traités d'où ressortait, tel le manche d'une hache, le dos d'un peigne surdimensionné aux dents espacées.

Son livre était fermé sur la table devant elle, et quand la professeure lui a demandé de l'ouvrir à la page 36, elle a marmonné qu'elle n'allait rien ouvrir du tout, pas plus à la page 36 qu'à la page 200.

– Tu as dit quelque chose, Debra ?

– Non, madame, a-t-elle répondu, avant d'ajouter de manière presque inaudible, mâchoires crispées : Bien sûr que j'ai dit quelque chose ! Sors ta sale tête de ton cul et peut-être que t'entendras mieux !

– Je suis désolée, mais il y a un problème ?

– Non.

Puis : « Ouais, salope, c'est *toi* mon problème. »

À l'opposé, Delicia était gentille et réservée, avec une coupe courte afro et une voix douce, presque enfantine. Sa timidité m'avait laissé penser qu'elle était bonne élève, mais ces deux qualités ne vont pas toujours de pair. Elle était polie, certes, et semblait faire de son mieux. Mais ce n'était pas assez pour la partie nord de la ville. Nous étions ensemble en cours d'anglais, et même si je voulais croire que nous étions amis, sa retenue rendait difficile toute conversation véritable. Comme tous les nouveaux, elle utilisait « au » au lieu de « chez », comme dans « Je vais au coiffeur » ou « Je suis au dentiste ». Delicia vivait avec sa tante qu'elle s'obstinait à appeler « tata ».

C'était tout ce que je savais de sa vie privée. Le reste était de mon invention. Pour commencer, j'avais décidé qu'elle était vertueuse et impatiente de progresser et que notre relation l'y aidait considérablement. Pour le commun des mortels, ce n'est pas ainsi qu'on traite un ami authentique, encore moins une petite copine potentielle, mais c'était le statut auquel je l'avais promue quelques semaines après la rentrée des classes. À quatorze ans, j'estimais qu'il était temps de faire le grand plongeon. Tout le monde voulait savoir si j'avais une petite amie, en tout cas les types bizarres, notamment les hommes de l'église grecque orthodoxe qui poussent le vice jusqu'à décrire les nouveau-nés comme des « bourreaux des cœurs » et à se demander combien ils en ont déjà brisé. Comme si sortir avec une fille dès l'âge de trois semaines ne suffisait pas et qu'il fallait aussi la tromper.

Pour les autres garçons de mon école de catéchisme, c'était : « Qui est la veinarde ? » Et moi, j'avais droit juste à : « Tu as fini par en trouver une ? » Même si je n'aurais jamais pu l'admettre à cet âge, je n'étais pas plus attiré physiquement par Delicia que par n'importe quelle autre fille. Son corps ne me semblait ni plus ni moins séduisant que celui de notre pom-pom girl en chef, alors pourquoi ne pas sortir avec la fille de cent dix kilos de la partie mal famée de la ville ?

L'idée a coïncidé avec le déménagement de ma grand-mère grecque dans une nouvelle résidence pour personnes âgées appelée

Capital Towers. Là-bas, elle paraissait vraiment déplacée : c'était la seule à ne pas être née aux États-Unis et elle ne faisait aucun effort pour adopter le style jeune et plein d'entrain des vieux Américains. Là d'où venait Yiayiá, on n'essayait pas de tenir à distance la vieillesse. Au contraire, on l'accueillait avec reconnaissance car, en Grèce, la décrépitude n'est pas sans avantages : les anciens vivent dans une grande maison avec la famille élargie, et les membres plus jeunes qu'eux deviennent tous leurs pions. En Amérique, être vieux ne vous apporte rien, sinon une chambre d'ami peinte en mauve avec des autocollants sur la porte. Puis, un jour, votre belle-fille décide qu'elle en a assez, et hop, vous vous retrouvez seul dans un appartement, plus précisément dans un studio, qui n'est qu'une simple chambre équipée d'une cuisine.

Capital Towers tentait de mettre en place un programme d'activités. Une petite fête devait avoir lieu un dimanche après-midi au début du mois d'octobre et je m'étais dit que ce serait l'endroit rêvé pour une première sortie avec Delicia.

– Tu te fiches de moi ? a dit ma mère.

– Non, ai-je répondu. Je pense que rencontrer Yiayiá pourrait l'intéresser.

– L'*intéresser* ?

Ma mère s'était permis d'accentuer lourdement ce dernier mot car, à moins de faire un documentaire sur la tristesse, ma grand-mère n'avait rien d'intéressant. En tout cas, à nos yeux et à cette époque. Si je pouvais revenir en 1972 et que je sois capable de comprendre le grec, elle me raconterait sans doute toutes sortes de choses fascinantes : ce que signifiait de supporter un mariage arrangé et sans amour, d'être négociée par votre famille et forcée de partir en bateau pour un autre pays. D'Ellis Island, elle avait gagné Cortland, une petite ville à l'ouest de l'État de New York. Une fois sur place, elle et son mari sans pitié avaient ouvert un kiosque à journaux à peine plus gros que leur caisse. Qu'est-ce que ça faisait de renoncer à sa jeunesse ? D'être illettrée dans deux langues ? D'avoir déjà perdu toutes ses dents à quarante ans ? Tout ce dont j'étais vraiment sûr, c'est que Yiayiá nous aimait. Pas d'une manière *spécifique*, pas plus que le chat – elle n'aurait pas été capable de citer nos qualités respectives –, et pourtant nous pouvions sentir son affection. Je la laissais parfois caresser ma main. Nous autres, les enfants, nous y consentions même si nous prenions ça comme une corvée. Oh, comme c'était épuisant de laisser quelqu'un vous adorer.

Ma Yiayiá était exactement la sorte d'amie que j'aurais aimé avoir adulte, une personne avec un réservoir inépuisable d'histoires de déveine et pas le moindre désir d'écrire un livre un jour. En ce temps-là, cependant, elle représentait seulement une obligation. Puisque je devais aller à la fête, autant en tirer quelque chose, m'étais-je dit, d'où l'idée d'y traîner Delicia. Nous n'aurions qu'à nous tenir la main pour que les vieux piquent une crise, à commencer par ma grand-mère. « Qui est cette noiraude ? » demanderait-elle probablement, car c'était le mot qu'elle s'obstinait à employer, malgré le nombre incalculable de fois où nous lui avions crié : « Noire ! »

– Je ne veux pas être mêlée à ça, a dit ma mère.

– Alors, tu ne nous y conduiras même pas ?

Lorsqu'elle m'a répondu non, je l'ai accusée d'avoir des préjugés.

– La vérité, c'est que tu ne veux pas que ton fils sorte avec une fille qui n'est pas blanche.

Elle a rétorqué qu'elle se moquait de savoir avec qui je sortais mais que je n'amènerais pas cette Delicia à Capital Towers.

– Bon, eh bien je l'amènerai à l'église.

– Non plus, a dit ma mère. Ce n'est pas raisonnable *pour elle*.

– Tu rejettes les gens différents de toi ! Tu as peur que tes petits-enfants soient métis, c'est tout.

Comment je suis passé de l'idée d'entraîner une pauvre fille dans une résidence pour personnes âgées, histoire de sortir avec elle, à celle d'assurer ma descendance avec elle, je n'en sais plus rien aujourd'hui, mais ma mère, qui avait alors trois adolescents et trois enfants en passe de le devenir, ne s'est pas laissé démonter.

– C'est vrai, a-t-elle répliqué. Je veux que tu épouses quelqu'un exactement comme moi, avec un gros sac à main beige et des jambes sillonnées de veines. En fait, pourquoi ne divorcerais-je pas de ton père pour que nous puissions nous enfuir ensemble ?

– Tu es dégoûtante ! me suis-je exclamé. Jamais je ne t'épouserai. *Jamais !*

J'ai quitté la pièce de manière théâtrale, en soufflant comme un bœuf, et je me suis dit : *Est-ce que je viens de refuser d'épouser ma mère ?* Puis, tout au fond de moi, j'ai ajouté : *Je suis libre !* La partie de mon plan qui gênait les personnes âgées, qui révélait leur sectarisme – un dimanche par-dessus le marché ! – continuait de me plaire, mais sa mise en pratique s'avérait compliquée. Les bus ne circuleraient pas, aussi faudrait-il trouver une voiture pour récupérer Delicia dans les quartiers sud puis retraverser la ville. Après que j'aurais fini de choquer tout le monde, je devrais aussi me débrouiller pour la ramener chez elle. Je ne pensais pas que sa tante ait une voiture. Ma mère ne nous servirait pas de chauffeur et il ne restait plus que mon père qui regarderait certainement le football et refuserait de quitter son poste même si ma petite amie avait été blanche et qu'elle proposait de participer aux frais d'essence. Il existait sûrement une solution, mais il semblait plus simple d'accepter la porte de sortie qui venait de m'être offerte et d'annoncer à Delicia que notre rendez-vous avait été interdit.

L'amour paraissait encore plus doux quand il était incompris et condamné par le monde extérieur. Le problème avec Delicia, c'est que nous nous connaissions à peine. Son affection pour moi n'était que pures conjectures qui ne se basaient pas sur ce qu'elle avait pu dire ou faire mais sur ma cruelle hypothèse que j'étais seul à m'intéresser à elle. Notre conversation la plus intime a eu lieu un après-midi après que j'ai déboutonné ma chemise et lui ai montré ce que je cachais en dessous : un tee-shirt représentant un jars juché sur une oie en plein ciel, l'air épuisé mais heureux, avec sa langue dépassant de son bec.

– Tu vois, ai-je dit en montrant les mots écrits sur mon torse. C'est écrit : « Volez unis. »

Delicia a plissé les yeux.

– C'est le slogan d'une compagnie aérienne[1], ai-je commenté.

– Tu es fou.

– Ouais, ben, c'est moi !

Le lundi suivant la fête, j'ai révélé à Delicia que j'avais voulu l'emmener dans un endroit spécial mais que mes parents ne me l'avaient pas permis.

– Je les déteste, ai-je dit. Ils ont tellement de préjugés, tu ne peux pas imaginer !

J'ignore quelle réaction j'espérais d'elle, mais une manifestation de désarroi aurait été bienvenue. Si cette relation devait s'épanouir, nous avions besoin d'une cause commune ce qui, apparemment, n'était pas le cas.

– C'est pas grave, s'est-elle contentée de répliquer.

– Mais si, en fait, c'est très grave. Ça craint !

J'ai mis ma main sur les siennes posées sur son bureau, puis je les ai regardées en songeant que ça ferait une affiche formidable. « Ensemble », pourrait-on lire dessus. Je m'attendais à ce que nous soyons parcourus du même frisson électrique, au lieu de quoi j'ai seulement ressenti de la gêne et de la déception parce que personne ne nous observait.

1. « Fly united » était le slogan de la compagnie United Airlines.

Quant à Delicia… Que peut-il se passer dans la tête d'une personne traitée avec condescendance pour la première fois ? Était-elle embarrassée ? Irritée ? Ou peut-être n'était-ce pas la première fois ? Cela lui arrivait peut-être si souvent qu'elle s'y était résignée.

C'est un début, ai-je pensé en ôtant ma main des siennes et en me retournant sur ma chaise. Je me disais que nous avions toute la vie devant nous, et pourtant à Thanksgiving, j'ai été accepté dans un groupe de parias intermédiaires et elle m'est presque sortie de l'esprit. Nous continuions à nous saluer mais nous ne déjeunions plus ensemble, ne nous parlions plus au téléphone et ne faisions plus rien de ce qui nourrit les véritables amitiés. Je ne me rappelle pas l'avoir revue dans les classes supérieures et je ne sais même plus si elle était dans mon lycée ou dans celui d'Enloe, dans sa partie de la ville. Sept ans ont dû s'écouler avant que je la recroise. J'avais laissé tomber l'université pour la deuxième fois et travaillais comme réparateur de meubles pas très loin du centre-ville de Raleigh. Chaque jour, je passais en vélo devant une supérette pour rentrer chez moi et, un après-midi, j'ai levé les yeux et ai aperçu Delicia qui en sortait. Elle portait une blouse et un badge avec son prénom et, quand je me suis arrêté pour lui dire bonjour, elle a vraiment paru se souvenir de moi.

– Alors, c'est toi, la directrice du magasin ?

Et elle a répondu :

– T'es fou.

Imaginer Delicia à la tête d'une petite supérette ne me semblait pas comparable à un tee-shirt sur lequel est écrit : « Volez unis ! », aussi sa réaction m'a-t-elle chagriné. La version d'elle que j'avais inventée était pragmatique et responsable, mais, en fait, tout ce que je savais, c'était qu'elle était gentille, timide et apparemment toujours aussi pauvre. Nous avions alors une vingtaine d'années et j'ai compris que l'amitié ne pouvait pas être fabriquée. Feuilleter son carnet d'adresses en se disant : « Où sont les Coréens ? » ou « J'ai besoin de rencontrer plus de paralytiques » ne suffit pas. Non que ce soit extravagant d'avoir de tels amis, mais les liens doivent se créer naturellement.

À cette époque, les gens avec qui je traînais appartenaient à la classe moyenne et avaient une fibre artistique, au moins à nos yeux. Nous tournions tous le dos aux privilèges, mais sans courir de risque, parce que l'on y avait toujours accès. Personne ne voulait rentrer chez lui pour quémander de l'argent à ses parents, mais nous savions tous qu'ils ne nous laisseraient jamais tomber. C'était ça, plus qu'une histoire de race, qui me séparait de Delicia, car comment une personne en bas de l'échelle sociale n'aurait pas été scandalisée par toute cette injustice ?

Un après-midi, en repassant devant la supérette, j'ai songé à Lena, notre ancienne bonne, qui avait été embauchée à la naissance de mon frère et était restée jusqu'au déménagement de ma grand-mère. Ma mère et elle passaient beaucoup de temps à discuter, et même si maman, à l'instar de toutes les mères de notre rue, considérait sa domestique comme une *amie,* je savais qu'elle entendait par là : « Une personne que je paie et avec qui je suis en bons termes. » Car combien de mères fréquentaient les domestiques de leurs voisines ? Qu'auraient pensé les O'Connor si ma mère s'était présentée à leur porte avec une cantine autour du cou ?

– Marthanda a-t-elle fini son service ? Je voulais lui proposer d'aller camper ce week-end.

Peut-être que dans une tente, loin des voitures, des télés couleur et de l'air conditionné, une amitié aurait pu naître. Mais en ce temps-là, il y avait trop d'inégalités à surmonter. Si vous cherchez un ami dont la vie est, sur le plan économique, l'inverse de la vôtre, ce que vous avez probablement de mieux à faire, c'est de trouver un correspondant, de ceux qu'on a normalement à l'école primaire. Quelqu'un qui vous écrit de loin pour vous dire que son dromadaire s'est enfui. Vous l'informez que votre vélo a un pneu à plat et il répond que, dans son pays, août est un mois de fêtes. Tout se fait par courrier, aussi ne voit-il jamais votre nouvelle maison de banlieue et ne voyez-vous jamais l'enjoliveur que sa famille utilise pour faire bouillir de l'eau dedans. En plus, vous êtes un gosse, alors votre première pensée n'est pas : « Beurk, un dromadaire ! » mais « Ouah ! Un dromadaire ! ». (Ou un raton laveur, une mangouste ou un ratel.)

Les semaines passaient, le vendeur de téléphones cellulaires ne rappelait pas et je me suis mis à craindre qu'il ait perdu son travail. Mais peut-être faisais-je preuve d'élitisme culturel en supposant que sa vie ne pouvait qu'empirer ? N'était-il pas tout aussi possible qu'il ait été promu ou, mieux encore, qu'il ait quitté le centre d'appel pour de plus verts pâturages ? C'est ça, me suis-je dit. Une fois qu'il se sera familiarisé avec son nouvel emploi et aura emménagé dans sa nouvelle maison, aussitôt que sa domestique aura pris sa journée et qu'il saura différencier les télécommandes de la télé et du lecteur de DVD, il aura besoin de se confier à quelqu'un. Alors, il tombera sur mon numéro, prendra son téléphone et, bon sang, appelle-moi !

Tortues de mer

Une chose est sûre avec Hawaii, c'est que cette île tient toutes ses promesses, en tout cas avec les touristes. À peine sortez-vous de l'avion que l'on vient vous passer un lei autour du cou, comme s'il s'agissait d'une récompense que vous aviez gagnée – une médaille olympique pour être resté assis sur votre cul. Levez la main et, peu importe où vous êtes, on vous apportera une boisson – un breuvage servi dans un ananas évidé ou peut-être dans une demi-noix de coco. « Exactement comme avant l'invention des verres ! » songez-vous.

Des cratères volcaniques, des cascades et ces plages immaculées… des vues sidérantes quand on vient d'Europe. Là où Hugh et moi aimons nous rendre en Normandie, on a droit, en guise de sable fin, à des galets mouchetés de la taille de patates. L'eau a une température qui varie de *glaciale* à *crise cardiaque garantie* et présente la teinte du thé glacé. Et il y a toutes ces choses flottant à la surface : pas des déchets humains mais marins, de l'écume et des débris de plantes d'une couleur trouble exhalant une odeur de pourri.

Les plages d'Hawaii semblent avoir été peroxygénées, c'est dire à quel point le sable est blanc. L'eau est chaude – même en hiver – et si claire qu'on peut non seulement voir ses orteils mais aussi les cors collés dessus comme des bernaches. Un jour de novembre, sur l'île de Maui, Hugh et moi étions allés nager quand nous avons vu une tortue géante remonter entre nous. Elle était aussi paisible qu'une vache et avait la même expression endormie, presque langoureuse. À mes yeux, cela valait le voyage entier, et peut-être même ma vie entière. Car être témoin d'une telle majesté, être littéralement touché par elle : n'est-ce pas tout ce à quoi nous aspirons ?

J'ai vécu une expérience similaire quelques années plus tard, toujours avec Hugh. Nous marchions dans une forêt nationale japonaise au milieu d'une tempête de neige, lorsqu'un singe de la taille d'un tabouret de bar nous a frôlés. Sa fourrure argentée et terne avait la couleur de l'eau de vaisselle, mais sa face rouge comme une tomate arborait un air grave, presque solennel. Nous l'avons vu distinctement quand il s'est tourné pour nous jeter un bref regard. Puis il a haussé les épaules et s'est éloigné sans hâte sur une passerelle.

– Doux Jésus ! ai-je lâché.

Parce que c'était trop : la forêt, la tempête de neige et maintenant ceci. Les singes sont une attraction dans cette région du pays. Nous nous attendions à en voir à un moment ou un autre, mais je pensais qu'ils seraient derrière des clôtures. Comme avec la tortue marine, une partie du frisson provenait du sentiment d'être accepté, c'est-à-dire de ne pas être craint. Cela vous permet de croire que vous et cet animal entretenez une relation spéciale (une pensée juvénile mais qui apporte un incontestable réconfort). *Les singes m'aiment bien, c'est clair*, me suis-je souvent dit par la suite, chaque fois que je me sentais seul ou pas apprécié à ma juste valeur. De même, j'avais continué à penser à la tortue de mer des mois durant après notre voyage à Hawaii. Cependant, en ce qui la concernait, mes sentiments étaient un peu plus compliqués et, au lieu de croire que nous avions noué un lien, je me demandais si elle me pardonnerait un jour.

Mon histoire avec les tortues de mer a débuté à la fin des années 1960 et a impliqué mon meilleur copain de l'école primaire, un garçon que j'appellerai Shaun, qui vivait dans ma rue, à Raleigh. Ce qui nous avait rapprochés était l'amour de la nature ou, plus spécifiquement, des animaux qu'on pouvait attraper et tuer sans intention criminelle. Nous avons commencé à le faire quand j'étais en CM1, ce qui devait me faire dix ans. C'est différent pour tout le monde, toutefois, à cet âge-là, même si je n'aurais pas pu dire que j'étais homo, je savais que je n'étais pas comme les autres garçons de ma classe ou de ma troupe de scouts. Alors qu'ils accueillaient à bras ouverts la compagnie masculine, je l'évitais, je la redoutais, j'avais l'impression de passer un examen perpétuel, qu'on finirait par me démasquer et me rejeter de la bonne société. *Est-ce ainsi qu'un garçon normal balance ses bras ?* me demandais-je en posant devant le miroir en pied de la chambre de mes parents. *Est-ce ainsi qu'il rit ? Est-ce qu'il trouve ça drôle ?* C'était comme prendre un accent anglais. Plus je me concentrais, plus je me sentais gêné et moins j'étais convaincant.

Avec Shaun, cependant, je pouvais presque être moi-même. Cela ne signifiait pas que nous étions identiques, seulement qu'il ne s'en faisait pas trop. Pour lui, l'enfance semblait une épreuve à traverser, une route longue et fatigante à parcourir. Après viendrait le bon temps ; parfois, en l'observant fixer l'horizon comme s'il voulait y boucher un trou, j'avais le sentiment qu'il ne se contentait pas de l'imaginer mais qu'il la voyait réellement, cette belle vie d'adulte qui nous attendait de l'autre côté de nos seize ans.

En dehors de notre curiosité pour la vie sauvage, nous avions en commun d'être des « déplacés ». Ma famille venait du Nord et les Taylor du Midwest. Le père de Shaun, Hank, était psychiatre et il lui arrivait de nous faire passer des tests, à ses garçons et moi. « Le genre qui n'exige pas de bonnes réponses », nous assurait-il. Sa femme et lui étaient plus jeunes que mes parents, et cela sautait aux yeux, non seulement à cause de leurs vêtements mais aussi de leurs goûts éclectiques – des disques de Donovan et de Moby Grape côtoyaient ceux de Schubert sur les étagères. Leur maison contenait de vrais livres reliés ; on les trouvait souvent ouverts sur le divan avec leurs mots encore tout chauds d'une récente lecture.

Dans un environnement de mères au foyer, la maman de Shaun avait un travail. Infirmière de santé publique, c'était toujours elle qu'on allait voir lorsqu'on se réveillait avec des yeux fiévreux ou qu'on s'était enfoncé un grain de maïs soufflé un peu trop profondément dans l'oreille. « Oh, tout va bien », disait Jean, car c'était ainsi qu'elle voulait que nous l'appelions, pas Mme Taylor. Avec ses pommettes hautes et sa bouche aux coins légèrement tombants, elle faisait penser à une jeune Katharine Hepburn. D'autres mères pouvaient être jolies – je dis bien *pouvaient* – entre vingt et trente ans, mais Jean paraissait devoir le demeurer toute sa vie. Quand on la voyait au milieu de son parterre de fleurs, avec ses gants de jardinage dépassant de la ceinture de son pantalon, comme si quelqu'un essayait d'en sortir, on ne pouvait que souhaiter l'avoir pour maman à la place de la sienne.

Les enfants Taylor avaient hérité de la grâce de leur mère, surtout Shaun. Même quand il était enfant, il semblait bien dans sa peau. Il n'a jamais été mignon, seulement beau avec ses cheveux blonds qui tombaient comme un rideau sur une moitié de son visage. L'œil du côté ouvert du rideau, d'un bleu vif, excellait à repérer les animaux blessés ou vulnérables. Pendant que les autres garçons du voisinage jouaient au football sans plaquage dans la rue, Shaun et moi fouillions les bois derrière nos maisons. Je n'allais pas jusqu'à ramasser les serpents, mais tout le reste finissait emprisonné dans nos aquariums de quarante litres. Lézards, crapauds, oisillons, tous avaient droit au même régime – du steak haché cru – et, à de rares exceptions près, tous mouraient au bout d'une semaine ou deux.

– À propos de menu, tu pourrais varier un peu, m'a dit un jour ma mère, en faisant allusion à mon papillon lune captif.

Il était de la taille d'un livre de poche, d'un beau vert menthe, mais ne se montrait guère intéressé par le bœuf haché.

– Tu pourrais peut-être lui donner... je ne sais pas, moi... des fleurs ou quelque chose de ce genre.

Comme si elle s'y connaissait.

La plus belle prise appartenait au jeune frère de Shaun, Chris, qui avait trouvé un écureuil volant blessé et le gardait en liberté dans sa chambre. Il n'était pas plus gros qu'un hamster ordinaire, et lorsqu'il planait du lit du haut à l'armoire, son corps s'aplatissait et ressemblait à une marionnette vide. Le seul problème c'était son caractère, sa manie de suivre ses idées jusqu'au bout. On aurait voulu qu'il nous câline ou joue les sentinelles sur notre épaule, mais il refusait de se détendre. Et tandis qu'il s'agrippait, les yeux écarquillés, l'air affolé, à la vitre de la fenêtre ou essayait de se faufiler sous la porte, on l'entendait penser : *Il faut que je me tire de là*. Il a fini par réussir à le faire et même si nous espérions tous qu'il reviendrait aux heures des repas, qu'il deviendrait une sorte d'animal de compagnie à temps partiel, il n'en a jamais rien fait.

Peu après l'évasion de l'écureuil, Jean nous a emmenés, les garçons et moi, en week-end sur la côte de la Caroline du Nord. On était à la mi-octobre, la rentrée scolaire approchait, et l'eau était désormais trop froide pour y nager. Le dimanche, nous devions repartir et Shaun et moi nous sommes levés à l'aube pour aller nous promener avec nos filets. Nous péchions des crabes fantômes quand, de loin, nous avons aperçu des bestioles qui se déplaçaient en masse, comme des jouets mécaniques sur une surface instable. Après un examen approfondi, nous avons découvert qu'il s'agissait de petites tortues de mer, des dizaines, qui émergeaient du sable et se dirigeaient en chancelant vers l'océan.

Un adulte aurait pu les déposer dans le ressac ou les protéger des mouettes prédatrices, mais nous avions douze ans : aussi, lorsque j'ai eu fini d'empiler les bébés tortues, Shaun a couru à l'hôtel récupérer les poubelles de notre chambre. Nous aurions pu repartir avec toutes les tortues, mais elles se marchaient les unes sur les autres et cela faisait vraiment peine à voir. Pour finir, nous n'en avons pris que dix, soit cinq chacun.

Ce qu'il y a de bien avec les tortues de mer, par opposition aux écureuils volants, par exemple, c'est qu'elles grandissent de manière exponentielle et peuvent atteindre cinquante fois, peut-être même cent fois leur taille originale. Lorsque nous les avons capturées, elles ressemblaient toutes à des porte-monnaie en plastique, le modèle ovale offert par les banques et les concessionnaires automobiles. Et puis il y avait les nageoires et, bien sûr, les têtes, chauves et pourvues d'un bec comme celles des oisillons qui viennent de sortir de l'œuf. Depuis la mort d'une taupe traumatisée, arrachée à la gueule de notre chatte Samantha, mon aquarium était vide et donc prêt à recevoir de nouveaux pensionnaires. J'y ai versé une carafe d'eau de mer rapportée de la plage, et jeté dedans une conque et deux oursins plats pour le rendre plus accueillant. Les tortues ont parcouru la courte distance d'un bord à l'autre, puis elles ont cogné leurs nageoires contre la paroi de verre, sans comprendre que c'était la fin de la route. Ce qu'il leur fallait, semblait-il, c'était quelque chose à manger.

– M'man, on aurait de la viande hachée ?

En y repensant, on se dit que quelqu'un aurait pu réagir – des tortues de mer, pour l'amour de Dieu ! –, mais leur espèce n'était peut-être pas encore en danger. Ni la cruauté envers les animaux déjà inventée. Qu'une créature non humaine puisse avoir des émotions, *a fortiori* la capacité de désespérer, semblait une idée saugrenue, comme penser que le papier pouvait avoir une famille. Et quand il s'agit d'attirer la sympathie, les reptiles et les amphibiens sont en queue de file car, reconnaissons-le, ces bestioles ne sont pas très gâtées côté personnalité. Leur donner un nom n'aidait en rien, car jouer avec Shelly ou Pokyhontus revenait au même – jouer, dans ce cas précis, consistait à les mettre sur mon bureau et à attendre qu'elles tombent du rebord.

Il m'était agréable de savoir que, dans la maison en bas de ma rue, les tortues de Shaun ne s'en sortaient pas beaucoup mieux. La viande hachée que nous avions déposée dans nos aquariums n'avait pas été touchée et, peu après, elle s'est mise à pourrir et à empuantir nos chambres. J'ai vidé mon aquarium et, ne disposant plus d'eau de mer, j'ai fabriqué la mienne avec du sel et de la bonne vieille eau du robinet.

– Je ne suis pas sûre que ça marche, a dit ma mère.

Elle se tenait sur le seuil de ma chambre, une cigarette dans une main et un cendrier dans l'autre. De récentes expériences avec un kit de décoloration à domicile avaient desséché et abîmé ses cheveux déjà cassants. Elle cachait ce qui en restait sous une écharpe, une écharpe turquoise, ce qui était très joli quand elle était bronzée mais nettement moins quand elle ne l'était pas.

– L'eau de l'océan contient des nutriments ou quelque chose comme ça, non ?

– Je n'en sais rien.

Elle a regardé les tortues se traîner tristement sur mon couvre-lit.

– Bon, si tu veux en avoir le cœur net, j'emmène Lisa à la bibliothèque samedi.

J'avais espéré passer le week-end dehors, mais il pleuvait et mon père monopolisait la télé pour suivre un match de foot. J'avais le choix entre aller à la bibliothèque ou rester à la maison et mourir d'ennui, aussi suis-je monté dans la voiture en grommelant contre l'injustice de tout. Ma mère nous a lâchés dans le centre-ville, ma sœur et moi, et elle est partie faire des courses en promettant de revenir quelques heures plus tard.

Elle ne payait pas de mine, notre bibliothèque municipale. J'ai appris plus tard que c'était un ancien grand magasin, ce qui faisait sens : les baies vitrées hautes jusqu'au plafond étaient idéales pour des mannequins et l'on pouvait facilement imaginer des chemises de soirée présentées à l'endroit où se trouvaient les encyclopédies, et des perruques à la place des journaux. Je me souviens qu'au sous-sol il y avait deux toilettes, les unes pour les « Hommes » et les autres pour les « Messieurs ». Les deux étaient équipées d'un W-C, d'un lavabo et d'un distributeur de serviettes en papier, ce qui signifiait qu'on était traité de la même façon, dans les deux cas. Ainsi, tout dépendait de la manière dont vous vous perceviez : normal ou sophistiqué. Le jour où j'ai fait mes recherches sur les tortues, je me suis perçu comme « sophistiqué », aussi ai-je ouvert la porte des « Messieurs ». La suite est arrivée très vite : deux hommes, tous les deux noirs, ont tourné la tête vers moi. L'un avait le pantalon et le slip baissés au-dessous des genoux et, comme il se penchait pour les remonter, l'autre, qui était agenouillé devant lui et avait également le pantalon baissé, a caché son visage avec sa main en lâchant un petit cri de surprise.

– Oh, ai-je dit, désolé.

Tout tremblant, j'ai reculé vers la sortie et, au moment même où la porte se refermait derrière moi, elle s'est rouverte. Le couple s'est alors enfui avec la même expression paniquée que l'écureuil volant. L'escalier était au bout d'un petit couloir et ils ont gravi les marches quatre à quatre. Le plus lent a tourné la tête, un bref instant, et m'a regardé comme si je tenais un revolver. Quand j'ai vu qu'il avait peur de moi, je me suis senti puissant. Puis je me suis demandé comment je pourrais utiliser ce pouvoir.

J'ai spontanément pensé à les dénoncer, non pas parce que je voulais qu'ils soient punis, mais parce que je désirais être l'objet de toutes les attentions.

– Tu vas bien ? m'aurait demandé le bibliothécaire. Et c'étaient des Noirs, hein ? Vite, qu'on aille chercher un verre d'eau ou, mieux, un Coca pour ce jeune homme. Un Coca, ça te ferait plaisir en attendant l'arrivée de la police ?

Et de ma voix la plus faible, j'aurais répondu :

– Oui.

Mais là encore, cela aurait pu se retourner contre moi. Ces hommes faisaient quelque chose d'indécent et l'admettre signifiait que j'avais laissé traîner mon regard, que j'étais suspect, moi aussi. Et ne l'étais-je pas ?

Finalement, je n'ai rien dit à personne. Pas même à Lisa.

– Alors, tu as trouvé de quelle espèce de tortues il s'agit ? s'est enquise ma mère lorsque nous sommes remontés dans la voiture.

– Des tortues marines, ai-je répondu.

– Ça, nous le *savions.*

– Non, je veux dire que c'est comme ça qu'on les appelle : « tortues marines ».

– Et qu'est-ce qu'elles mangent ?

J'ai regardé la vitre ruisselante de pluie.

– De la viande de bœuf hachée.

Ma mère a soupiré.

– Comme tu voudras.

Ma première tortue a mis deux semaines à mourir. L'eau de l'aquarium était redevenue trouble à cause de la viande avariée, mais il y avait autre chose que je ne parvenais pas à identifier. L'odeur qui s'était répandue dans les jours suivant Halloween, une puanteur profonde de marécage, me serrait la gorge. C'était comme si les âmes des tortues pourrissaient, pourtant elles continuaient de se regrouper dans un coin de l'aquarium, déterminées à atteindre la mer. La nuit, en entendant leurs nageoires racler contre la vitre, je repensais aux Noirs dans les toilettes des « Messieurs » et me demandais ce qui allait advenir d'eux et, par extension, de moi. Devrais-je moi aussi mener une vie de fugitif ? Et devrais-je moi aussi avoir peur des gosses de douze ans ?

Un vendredi de début novembre, mon père est entré dans ma chambre, ce qu'il faisait rarement. Il tenait dans sa main son cocktail d'après-boulot, un verre de gin mélangé à un peu d'eau avec un zeste de citron. J'aimais bien l'odeur médicinale de cette boisson, mais ce jour-là, elle était couverte par celle de l'aquarium. Mon père y a jeté un rapide coup d'œil et, tout en grimaçant à cause de la puanteur, a sorti deux tickets de la poche de sa veste.

– C'est pour le match, a-t-il dit.

– Le match ?

– De foot. Je pensais qu'on pourrait y aller demain après-midi.

– Mais demain j'ai une rédaction à faire.

– Fais-la dimanche.

Je n'avais jamais manifesté le moindre intérêt pour le football. Je n'y avais jamais joué avec les autres garçons dans la rue, je n'avais jamais regardé de match à la télé, jamais touché au casque qu'on m'avait offert au Noël précédent.

– Pourquoi ne pas emmener Lisa ? ai-je demandé.

– Parce que tu es mon fils, voilà pourquoi.

J'ai observé l'holocauste en cours dans mon aquarium.

– Je suis vraiment obligé ?

Si je devais me rendre à un match aujourd'hui, j'y verrais sûrement des aspects positifs : la nourriture, le bruit, les supporters peinturlurés... Ce serait une expérience. Mais, à cette époque, cela m'a fait paniquer. Quelle équipe suis-je censé soutenir ? me suis-je demandé tandis que nous nous installions dans les gradins. Comment devrai-je réagir si quelqu'un marque un point ? Le hic avec les sports, surtout pour les garçons, c'est que personne n'en explique les règles, pas même en cours de gym. Demander ce qu'est une pénalité revient à demander qui était Jésus. C'est une de ces choses que vous êtes supposé savoir, sinon, c'est que vous avez un sérieux problème.

Deux des garçons les plus populaires de mon bahut se tenaient debout contre une balustrade, quelques rangées de sièges au-dessus de la nôtre, et quand je les ai bêtement montrés du doigt à mon père, il m'a dit d'aller les saluer.

Comment aurais-je pu lui faire comprendre que les regarder, même à cette distance, c'était déjà trop ? Alors leur adresser la parole était absolument hors de question. Chacun à sa place, et ne pas saisir ça, agir en violation de ce principe, vous faisait rétrograder de mec bizarre à intouchable, le niveau inférieur le plus bas.

– Laisse tomber, ai-je dit, ils ne savent pas vraiment qui je suis.

– Aaah, c'est des bêtises. Va donc leur parler.

– Non, je ne préfère pas.

– Tu veux que je te traîne là-haut ?

Tout en m'enfonçant dans mon siège, je songeais aux tortues. Tout ce qu'elles voulaient, c'était vivre dans l'océan : c'était tout, leur liste de vœux au complet, et au lieu de ça, j'avais décidé qu'elles seraient mieux dans ma chambre. Tout comme mon père avait décidé que je serais mieux dans un stade de foot. Si j'avais pu les ramener sur la plage, je l'aurais fait, même si je savais qu'il était déjà trop tard. Encore quelques jours et elles commenceraient à perdre la vue. Puis leurs carapaces ramolliraient et elles se ratatineraient comme des savonnettes.

– Bon, t'y vas, oui ou non ? a dit mon père.

Après que le cadavre de la dernière tortue a été jeté dans le bois derrière ma maison, Shaun et moi nous sommes mis au bowling, le seul sport où je n'ai jamais été complètement nul. La salle était assez loin de chez nous et, lorsque nos parents ne nous y conduisaient pas, nous nous y rendions à vélo, moi avec un transistor fixé par des élastiques à mon guidon. Nous songions à acheter nos propres chaussures de bowling, quand les parents de Shaun se sont séparés. Hank a pris un appartement dans une des nouvelles résidences et il est mort quelques mois plus tard. Il n'avait pas encore quarante ans.

– Il est mort de quoi ? ai-je voulu savoir.

– Son cœur a cessé de battre, a répondu Shaun.

– Bon, d'accord, ai-je insisté, mais *tout le monde* meurt d'un arrêt du cœur, non ? Il y a sûrement eu autre chose.

– Son cœur a cessé de battre.

Après les funérailles, il y a eu une réception à la maison des Taylor. Shaun et moi avons passé presque tout notre temps sur la véranda attenante au salon. De temps à autre, il épaulait sa carabine à air comprimé et tirait vers le bois, avec cette expression télescopique dans le regard. Après m'avoir informé que le cœur de son père avait cessé de battre, il n'a plus jamais parlé de lui. À aucun moment, je n'ai vu Shaun pleurer ou fléchir ou se laisser aller à quoi que ce soit que j'aurais fait à sa place. D'un point de vue théâtral, c'était la chance de sa vie, mais il n'a pas bougé. J'ai entendu mon père parler à Jean dans le salon.

– Maintenant que Hank n'est plus là, les garçons vont avoir besoin d'une influence masculine positive dans leur vie. C'est pourquoi je serai heureux de… euh, heureux de…

– De les ignorer, l'a coupé ma mère. Tout comme il ignore ses propres gosses.

– Oh, Sharon, a pouffé Jean.

Dix-huit ans se sont écoulés avant que j'apprenne ce qui était vraiment arrivé au père de Shaun. Je vivais alors à Chicago. Mes parents étaient toujours à Raleigh, et ma mère et moi nous téléphonions plusieurs fois par semaine. Je ne me souviens pas comment le sujet a refait surface, mais après qu'elle m'a révélé la vérité, j'étais sous le choc.

– Shaun savait ? ai-je demandé.

– J'en suis persuadée.

Bien que nous ne nous soyons plus vus ni parlé depuis le lycée, je n'ai pu m'empêcher de me sentir un peu trahi. Si l'on ne peut pas dire à son meilleur ami que son père s'est littéralement noyé dans l'alcool, à qui peut-on le dire ? Ça fait beaucoup à garder pour soi à cet âge, mais je suppose que nous avions tous nos secrets.

C'est après avoir parlé à ma mère au téléphone que j'ai décidé d'aller vérifier le pedigree des tortues à la bibliothèque : on les appelle des « caouannes ». Une fois adultes, elles mesurent souvent plus d'un mètre de long. La femelle peut peser jusqu'à cent quatre-vingts kilos, et de tous les œufs qu'elle pond au cours de sa vie, seul un sur mille passe le cap de l'âge adulte. Des chances plutôt minces quand par « passer le cap » on veut simplement dire « survivre ».

Ce jour-là, avant la fin de la réception, Shaun m'a tendu sa carabine à air comprimé. Mon père nous observait depuis la fenêtre du salon et il est intervenu juste au moment où j'épaulais l'arme.

– Oh que non ! Tu vas crever un œil à quelqu'un !

– Quelqu'un comme un oiseau ? ai-je rétorqué. Nous tirons vers le bois, pas vers la maison.

– Je me fous de ce que tu vises.

J'ai rendu la carabine à Shaun, et comme il balayait sa mèche devant ses yeux et regardait dans la lunette, j'ai essayé de distinguer ce que je m'imaginais qu'il voyait : une vie de l'autre côté de tout ça, quelque chose de mieux, peut-être même de majestueux, qui attendait que nous y grandissions.

Si je gouvernais le monde

Si je gouvernais le monde, je commencerais par céder tout le pouvoir au *vrai* roi qui, au cas où vous l'ignoreriez, s'appelle Jésus-Christ. Récemment, un tas de gens ont réussi à oublier ce détail, aussi ma deuxième décision consisterait-elle à le leur remémorer. Je ne me contenterais pas de rétablir la prière obligatoire à l'école, je l'imposerais aussi au travail. Puis dans les patinoires et les aéroports. Partout où les gens vivent et travaillent, ils devraient connaître Son nom. La figure du Christ apparaîtrait sur tous nos billets et pièces de monnaie, et si vous faisiez imprimer spécialement des voiliers ou des trèfles sur vos chèques, tant pis pour vous car, désormais, la seule image tolérée serait la Sienne, ou peut-être la mienne vous rappelant à quel point Il est important.

Seuls les tee-shirts avec des croix ou des apôtres seraient autorisés, finies les inscriptions idiotes qu'on voit de nos jours, comme celle du polo de mon voisin, par exemple : « Instructeur sexuel certifié ». Il prétend ne le porter qu'en tondant sa pelouse, mais en été selon moi, c'est une fois par semaine, c'est une fois par semaine de trop. C'est vrai, quoi : il a soixante-douze ans !

Jésus et moi saisirons ce tee-shirt, et tous ceux qui lui ressemblent, et nous nous en servirons comme chiffons pour essuyer la bouche des gens. D'habitude, je ne crois pas aux méthodes fortes, mais comment faire autrement avec ceux qui refusent d'apprendre ?

– Tu vois, dirai-je à Jésus, trop, c'est trop. Je suggère que nous clouions deux planches en croix et que nous nous offrions une bonne vieille crucifixion.

Ça risque de raviver quelques mauvais souvenirs, mais après une aussi longue absence, Il ne saura probablement pas à quel point les choses ont mal tourné.

– Allume la radio, lui conseillerai-je. C'est le truc à côté de la cage du furet avec tous les boutons dessus.

Jésus réglera le poste sur notre soi-disant chaîne musicale locale et, en moins de deux minutes, Il aura compris de quoi je parle : de la musique si horrible qu'elle fera saigner ses oreilles. Et la télé ! J'ai allumé la mienne l'autre matin et suis tombé sur un homme qui avait été une femme. Avec une petite moustache, une bedaine et tout le reste. Mary Louise était devenue Vince et se prélassait avec un sourire satisfait comme si elle avait vaincu le système. Peut-être l'avait-elle vaincu l'année dernière, quand ils l'ont opérée, mais ce sera Jésus le système, désormais, et nous devrons écouter ce qu'Il a à dire sur le sujet.

La créature à la télé – je ne peux préciser si elle était mâle ou femelle sans que cela me retourne l'estomac – a déclaré qu'elle était attirée par les hommes quand elle était une femme et que c'était toujours le cas. Cela signifie qu'à présent, en plus du reste, elle est homosexuelle. Comme si nous n'en avions pas déjà assez, il faut qu'un docteur en *fabrique* !

Eh bien qu'il aille en enfer – littéralement – et que les autres homos l'y rejoignent ! Avec les femmes qui se sont fait avorter, même si elles ont été violées ou que le bébé avait trois têtes et que le mettre au monde les aurait déchirées en deux.

– C'était TON bébé, dirai-je à Jésus. Alors, Tu vas rester là sans bouger pendant qu'on le balance sur un tas d'ordures ?

Et Jésus répondra :

– Non, Cassie Hasselback, certainement pas !

Lui et moi ferons du bon boulot ensemble.

– Et ensuite, qu'avons-nous au programme ? demandera-t-Il.

Et je Lui désignerai les musulmans et les véganes qui croient que leur Dieu est le vrai. Pareil pour les bouddhistes et tous ceux qui pensent que les vaches et les singes ont des pouvoirs spéciaux. Puis, nous passerons aux comiques avec leur « P… de ceci » et leur « B… D… de cela ». Je crucifierai les démocrates, les communistes et au moins 97 % des étudiants des universités. Ne te marre pas, Tim Cobblestone, tu es le prochain ! Tu crois que tu peux laisser ton chat saloper mon parterre de fleurs et t'en sortir comme ça ? Eh bien n'y compte pas ! Et Curtis Devlin, qui a refusé ma demande de prêt pour les travaux de rénovation ; et Carlotta Buffington, qui n'a obtenu son boulot que parce qu'elle est paralysée d'un côté ; et même mon petit-fils Kenyan Bullock. Il vient juste d'avoir cinq ans, et quoi qu'en dise Trisha, ce n'est pas une phase, cet enfant a le mal dans la peau et il vaut mieux l'arrêter avant qu'il ne cause de vrais dégâts. Et tous les autres malfaisants, les putes et les menteurs qui veulent nous priver de liberté ou augmenter mes impôts, ils vont connaître notre colère, à Jésus et moi, et brûler pour l'éternité !

Tout doux, mon mignon

Récemment, lors d'un vol Tokyo-Pékin, à peu près au moment où l'on m'a débarrassé de mon plateau-repas, je me suis rappelé que je devais apprendre le mandarin.

– Bon sang, ai-je murmuré, je savais bien que j'avais oublié quelque chose !

D'habitude, en atterrissant dans un pays étranger, j'ai au moins appris à dire « Bonjour » et « Désolé ». Mais ce voyage se divisait en deux parties et j'avais consacré mon mois de préparation à bûcher mon japonais. Pour cela, je m'étais remis à la méthode audio Pimsleur dont je m'étais servi pour mes deux séjours précédents. Je l'avais aussi utilisée pour l'italien et j'avais remarqué que les deux suivaient le même modèle. Dans la première leçon d'une demi-heure, un homme aborde une femme étrange en lui demandant, en italien, en japonais, ou dans n'importe quelle langue retenue, si elle comprend l'anglais. Les deux baragouinent pendant une vingtaine de secondes, puis un professeur américain vient interrompre le dialogue.

– Dites « Excusez-moi », indique-t-il. Demandez : « Êtes-vous américain ? »

La conversation se complique à mesure que vous progressez, et les phrases sont régulièrement répétées pour que vous ne les oubliiez pas.

Les phrases que j'ai apprises avec Pimsleur ne sont pas toutes adaptées à mon style de vie. Par exemple, vu que je ne conduis pas, « Quelle est la route pour aller à Yokohama ? » ne m'a jamais été utile. Idem pour : « Et l'essence, est-elle chère ? », bien que j'aie tiré le maximum de : « Le plein, s'il vous plaît », que j'emploie dans les restaurants pour me faire resservir une tasse de thé.

Grâce aux *Japonais facile I* et *II*, je suis capable d'acheter des billets de train, de compter jusqu'à neuf cent quatre-vingt-dix-neuf mille et de dire, chaque fois que l'on me rend la monnaie : « Maintenant, vous me rendez la monnaie. » Je peux me débrouiller dans un restaurant, prendre un taxi et même échanger quelques mots avec le chauffeur. Je peux lui demander : « Avez-vous des enfants ? » ; « Prendrez-vous des vacances cette année ? » ; « Où ça ? ». Quand il me retourne les questions, comme les chauffeurs de taxi japonais ont tendance à le faire, je lui réponds que j'ai trois enfants, un grand garçon et deux petites filles. Si Pimsleur proposait : « Je suis un homosexuel entre deux âges et je dois donc me contenter d'une nièce que je ne vois jamais et d'un filleul en bas âge », c'est ce que je dirais. En attendant, je fais avec ce que j'ai.

Pimsleur est d'un grand secours quand on en vient à la prononciation. Les acteurs sont des locuteurs du pays et ils ne ralentissent pas pour vous. L'inconvénient, c'est qu'ils n'expliquent jamais rien ni ne vous apprennent à penser par vous-même. Au lieu de vous fournir des blocs de mots qui vous permettraient de bâtir une phrase bien à vous, on vous laisse choisir parmi les centaines, voire les milliers de phrases que vous avez mémorisées. Cela signifie que vous devez attendre qu'une situation particulière se présente pour pouvoir la commenter, ou alors, vous transformer en un de ces types bizarres qui passent du coq à l'âne sans prévenir, le genre qui vous répond : « Il y a une banque devant la gare » ou « Mme Yamada Ito pratique le tennis depuis quinze ans » lorsqu'on l'interroge sur une couleur de peinture.

Je n'avais pas téléchargé de méthode Pimsleur pour la Chine, aussi ai-je dû me tourner vers le guide de conversation de mon Lonely Planet, tout en sachant que cela ne servait à rien pendant le vol pour Pékin. Le mandarin se chante plus qu'il ne se parle et même si les mots étaient écrits phonétiquement, je n'y comprenais rien. Le livre était mince, de la taille de ma main et divisé en courts chapitres. « À la banque », « Au magasin », « Au poste-frontière ». Celui titré « Idylles » proposait les phrases suivantes : « Accepteriez-vous un verre ? » ; « Vous dansez merveilleusement » ; « Vous ressemblez à l'une de mes cousines ». La dernière ne fonctionnait que si vous étiez asiatique mais cela ne l'empêchait pas d'être un peu louche car elle sous-entendait : « La cousine que j'ai toujours voulu déshabiller et arroser de mon sperme. »

Dans la section « Se rapprocher », on apprenait à dire : « Je t'aime énormément » ; « Tu es formidable » ; « Veux-tu un massage ? ». La température montait à la page suivante : « Je te veux » ; « Je veux faire l'amour avec toi » ; « Que dirais-tu d'aller nous coucher ? ». Puis, une phrase qui aurait pu être spécialement écrite pour moi : « Ne t'inquiète pas, je vais m'en occuper moi-même. »

Curieusement, les auteurs n'avaient pas inclus : « Laisse la lumière allumée. » Une obligation si l'on veut réellement *dire* toutes ces choses. Une illustration représentait le vacancier nu sur un lit, regardant du coin de l'œil son petit livre et gémissant : « Oh, oui ! » ; « Tout doux, mon mignon ! » ; « Plus vite » ; « Plus fort » ; « Plus lentement » ; « Plus doucement » ; « C'était stupéfiant/bizarre/sauvage » ; « Puis-je rester cette nuit ? ».

Dans la section suivante, tout s'écroulait : « Vois-tu quelqu'un d'autre ? » ; « C'est juste un(e) ami(e) » ; « Tu n'es avec moi que pour le sexe » ; « Je ne crois pas que ça marche entre nous ». Et, pour finir : « Je ne veux plus jamais te revoir. »

Hugh et moi sommes rentrés de Chine et, quelques jours plus tard, je me suis préparé à partir en Allemagne. La première fois que je m'y étais rendu, en 1999, je n'avais réussi à dire que « *Guten Morgen* ». Les sons sortaient mal de ma bouche, alors j'avais préféré passer mon temps à m'excuser de parler anglais. Non que cela ait été nécessaire, d'ailleurs. À Paris, oui, mais à Berlin, les gens ont tendance à répondre : « Merci de me permettre de pratiquer mon anglais parfait. » « Parfait » est vraiment le mot.

– Êtes-vous du Minnesota ? n'ai-je cessé de demander.

Au début, j'étais rebuté par la dureté de l'allemand. Quelqu'un commande un morceau de gâteau et on a l'impression que c'est un ordre :

– Découpe ce gâteau et couche-toi face contre terre dans ce caniveau entre le cordonnier et la petite fille !

Sans doute est-ce parce que j'ai vu trop de films sur la Seconde Guerre mondiale. Puis je me suis souvenu des innombrables films de Fassbinder que je voyais dans les années 1980 et l'allemand m'est progressivement apparu plus conflictuel que cruel. Je suis retourné deux fois en Allemagne en 2000 et, peu à peu, cette langue a commencé à me plaire. C'est comme l'anglais, mais de biais.

J'en suis au moins à mon dixième séjour là-bas et j'ai parcouru le pays d'un bout à l'autre. Les gens m'ont appris toutes sortes de mots, mais les seuls que j'aie retenus sont : *Kaiserschnitt*, qui signifie « césarienne », et *Lebensabschnittpartner*. Cela se traduit moins par « amant » ou « partenaire de vie » que par « personne avec qui je suis aujourd'hui », ce qui implique que les choses changent et que vous restez ouvert.

Pour ce dernier voyage, j'ai voulu faire mieux, aussi ai-je téléchargé l'intégralité des trente leçons de *Pimsleur/Allemand I*, qui commence de nouveau par : « Excusez-moi, comprenez-vous l'anglais ? » Comme pour le japonais et l'italien, la méthode m'a appris à compter et à dire l'heure. Une fois de plus, j'ai répété : « La fille est déjà grande » et « Comment allez-vous ? » (« *Wie geht es Ihnen* ? »).

En japonais et en italien, la réponse à cette dernière question est : « Je vais bien, et vous ? » En allemand, il faut lâcher un soupir, marquer une courte pause et dire : « Pas très bien. »

J'en ai fait part à Tilo, mon ami allemand, qui m'a expliqué que c'était la réponse adaptée.

– Nous n'arrivons pas à nous sortir de l'esprit que les gens ne posent la question que par pure politesse, a-t-il précisé.

Dans *Japonais I*, leçon 17, l'actrice qui joue l'épouse dit :

– *Kaimono ga shitai n desu ga !* (« Je veux aller faire du shopping, mais il y a un problème et tu dois deviner ce que c'est ! »)

L'exercice porte sur les nombres, aussi le mari lui demande-t-il combien elle a d'argent. Elle lui donne un chiffre et il propose de l'augmenter légèrement.

De la même façon, dans la version allemande, l'épouse annonce qu'elle désire encore acheter quelque chose :

– *Ich möchte noch etwas kaufen.*

Son mari lui demande combien d'argent elle a et, après qu'elle a répondu, il déclare froidement :

– Je ne te donne rien de plus. Tu as assez.

Il n'y a pas de conflit dans le Japon de Pimsleur, mais son Allemagne est un endroit sombre et souvent mal famé. Dans un des exercices, vous êtes encouragé à vous disputer avec un groom qui tente de vous escroquer à la monnaie et finit par lâcher d'un ton railleur :

– Vous ne comprenez pas l'allemand.

– Oh, mais si, apprenez-vous à répliquer. Je comprends *parfaitement* l'allemand.

C'est un programme rempli de combinaisons de phrases bizarres. « Nous ne vivons pas ici. Nous voulons de l'eau minérale » implique que, si le couple *vivait* dans cette ville en particulier, il se soûlerait comme tout le monde. Une autre formule remarquable est : « *Der Wein ist zu teuer und Sie sprechen zu schnell* » (« Le vin est trop cher et vous parlez trop vite »). La réaction à ça devrait être : « Rien d'autre, Herr Trou-de-balle ? » Mais, bien sûr, ce n'est pas ce qu'on vous apprend.

Lors de notre dernier voyage à Tokyo, Hugh et moi avons loué un appartement dans un quartier ordinaire, à quelques stations de métro de la gare de Shinjuku. Un représentant de l'agence immobilière nous attendait devant la porte, et quand je me suis adressé à lui en japonais, il m'a conseillé d'acheter des mangas.

– Lisez-les et vous apprendrez comment les gens parlent en réalité, a-t-il dit. Vous, vous êtes un peu trop poli.

Je sais où il voulait en venir, mais je ne vois pas ça comme un vrai problème, surtout quand on est étranger, car si votre interlocuteur perçoit notre impolitesse, cela peut non seulement le retourner contre nous mais aussi contre notre pays tout entier. Dans ce domaine, le Pimsleur tient beaucoup des guides de conversation de ma jeunesse, quand le sale Américain sévissait encore et qu'il maltraitait les autochtones.

– Je n'ai pas commandé ça ! criait-il, furieux, en grec et en espagnol. Vous pensez pouvoir me gruger, n'est-ce pas ? Allez-vous-en ou j'appelle la police !

De nos jours, le voyageur américain a moins besoin de guides de conversation. Nous nous attendons à ce que les gens connaissent notre langue, et même à ce qu'ils la parlent couramment. J'entends rarement un vacancier américain dire à un serveur ou à un commerçant en Europe :

– Votre anglais est vraiment bon.

Nous avons plutôt tendance à nous comporter comme s'il s'agissait d'une partie de son travail, comme porter un plateau ou faire de la monnaie. À cet égard, les guides de conversation et les méthodes audio constituent presque un charmant retour en arrière et suggèrent que le *voyageur* s'est mis lui-même dans cette situation, que c'est *lui* qui a volontairement ouvert la porte à la critique et *non* la personne qui essaie de survivre en vendant des boulettes de viande à *Trouperducchio* en Italie.

Une des choses que j'aime à Tokyo, c'est que vos efforts sont constamment encouragés.

– Vous êtes très doué en japonais, me répète-t-on sans cesse.

Je sais que les gens veulent simplement se montrer polis, mais ça me motive, comme j'aimerais être motivé en Allemagne. Dans ce but, j'ai prévu une seconde méthode audio, conçue par un homme nommé Michel Thomas, qui travaille avec deux étudiants, un garçon et une fille. Au début, il explique que l'allemand et l'anglais sont étroitement liés et ont donc beaucoup en commun. Dans une des langues, le verbe est « to come », et dans l'autre « Kommen ». L'anglais « to give » correspond à l'allemand « geben ». Le « that is good » de Boston est le « Das ist gut » de Berlin. C'est une excellente manière de démarrer qui permet à l'auditeur de se dire : « Eh, Ich kann faire za ! »

Contrairement au professeur anonyme de Pimsleur, Herr Thomas donne des explications : par exemple, s'il y a deux verbes dans une phrase allemande, l'un des deux sera placé à la fin. Il ne vous propose pas de phrases à mémoriser. À vrai dire, il décourage même vivement l'étude.

– Comment diriez-vous : « Donne-le-moi » ? demande-t-il à la fille.

Elle et moi répondons correctement, puis il se tourne vers le garçon.

– À présent, essaie : « J'aimerais que tu me le donnes. »

Dix minutes plus tard, nous sommes arrivés à : « Je ne peux pas te le donner aujourd'hui parce que je ne le trouve pas. » Pour ceux qui ne parlent que l'anglais, cela peut sembler assez facile, mais les autres comprendront à quel point c'est difficile : les négatives, les différents usages de « le » et la pagaille monstre qui suit le « parce que » allemand. Mais le plaisir vient de ce que vous vous débrouillez tout seul. Vous abordez une autre langue et ne vous contentez pas de la répéter comme un perroquet.

Déambulant dans l'épicerie avec Pimsleur *und* Thomas sur mon iPod, je me suis imaginé arriver à mon hôtel de Munich avec mon amie Ulrike, qui ne m'a jamais entendu dire que « césarienne » et « la personne avec qui je suis en ce moment en attendant mieux ».

– *Bleiben wir hier Heute Abend ?* dirai-je. *Wieviele Nächte ? Zwei ? Das ist teuer, nicht wahr ?*

C'est une femme merveilleuse, Ulrike, et si je dois tirer une satisfaction de tout ça, ce sera de lire la stupéfaction sur son visage pendant que je continuerai mon bla-bla : ça aura bien valu mon mois d'étude.

Ce soir-là, après le dîner, peut-être allumerai-je la télé dans ma chambre d'hôtel. Et si je suis verni, peut-être comprendrai-je un mot sur deux cents. En fin de compte, le truc c'est de ne pas me laisser décourager et de me dire : Bah, c'est toujours plus que ce que j'ai compris la dernière fois que j'ai regardé une émission en Allemagne. C'était il y a quelques années, à Stuttgart. Il y avait une télé fixée sur une colonne dans ma chambre : je l'ai allumée et suis tombé sur un couple en train de faire l'amour.

Ce n'était pas en pay-per-view, juste un programme ordinaire du dimanche soir. Et je tiens à préciser que ces deux-là se livraient à fond. Si j'avais eu le guide de conversation en allemand de Lonely Planet, j'aurais pu reconnaître : « Ne t'arrête pas, s'il te plaît ! » et « C'était stupéfiant/bizarre ». Avec Herr Thomas, je pouvais saisir « Je viens juste de te le donner » et avec Pimsleur « J'aimerais venir maintenant ».

J'ai regardé le couple pendant une minute ou deux, puis je suis passé sur une autre chaîne qui restait cryptée si l'on ne payait pas. Quelles prouesses peuvent-ils accomplir qu'ils ne pourraient accomplir gratuitement sur le programme en clair ? me suis-je demandé. Se retourner comme des gants ?

Et n'est-ce pas là le mérite des voyages à l'étranger, de nous offrir de quoi nous gratter la tête ? Nul besoin de parler couramment pour s'étonner. Il suffit de demeurer immobile, la bouche ouverte, pas tout à fait hébété, juste sans voix.

Ris, kookaburra

Je suis déjà allé deux fois en Australie mais, d'après mon père, je n'en ai pour ainsi dire rien vu. Il a fait cette observation chez ma cousine Joan, à qui lui et moi avons rendu visite juste avant Noël, après une première remarque tout aussi agressive :

– En fait, a-t-il lâché, David est meilleur lecteur qu'écrivain.

Ceci venant d'une personne qui n'a pas ouvert un livre depuis 1996, en l'occurrence *Droit au putt* du golfeur Dave Stockton. Par ailleurs, il n'a jamais mis les pieds en Australie. Il ne s'en est même jamais approché.

– Peu importe, a-t-il insisté. Pour voir le pays, il faut parcourir l'arrière-pays, et tu ne t'es rendu qu'à Sydney.

– Et à Melbourne. Et à Brisbane, ai-je répliqué. Et je suis aussi allé dans l'arrière-pays.

– Tu parles !

– Très bien. Téléphonons à Hugh. Il va te le dire, lui. Il va même t'envoyer des photos.

Joan et sa famille vivent à Binghamton, dans l'État de New York. Ils ne nous voient pas si souvent, mon père et moi, aussi était-il particulièrement déplacé de s'asseoir à leur table et de nous disputer comme un vieux couple. Honteux de la mauvaise impression que nous donnions, j'ai laissé tomber l'histoire de l'arrière-pays et, comme mon père était passé aux défauts de tierces personnes, j'ai repensé à l'été précédent et à mes vingt-quatre heures de vol de Londres à Sydney. Je me rendais en Australie pour le travail et, vu que l'on me payait le billet et qu'il était possible de faire escale au Japon sur le chemin du retour, Hugh m'accompagnait. Ce n'est pas pour rabaisser l'Australie, mais nous y étions déjà allés. En plus, après être resté aussi longtemps dans un avion, on est en droit d'espérer un monde complètement nouveau à l'arrivée : disons la planète Mercure ou tout au moins Mexico. Or, pour un Américain, l'Australie semble très familière : les mêmes larges artères, les mêmes tours de bureaux. C'est le Canada en string, en tout cas à première vue.

Ça m'ennuie de l'admettre, mais mon père avait raison à propos de l'arrière-pays. Hugh et moi n'en avons pas vu grand-chose, mais nous n'en aurions rien vu du tout sans une femme prénommée Pat, originaire de Melbourne où elle a vécu presque toute sa vie. Nous l'avions rencontrée à Paris, en plein mois de juillet, quelques années plus tôt, alors qu'elle était venue là en vacances. Après plusieurs verres dans notre salon, le visage inondé de sueur, elle nous avait appris le verbe « régaler » comme dans la phrase : « C'est moi qui régale. » Cela signifie que vous payez et qu'il n'y a rien à ajouter.

– On peut aussi dire : « c'est moi qui rince » ou « la prochaine est pour moi », nous avait-elle précisé.

Nous étions restés en contact par la suite, et lorsque j'en ai eu fini avec mon travail et que l'on m'a accordé un jour et demi de quartier libre, Pat a proposé de nous servir de guide. Le premier après-midi, elle nous a fait découvrir Melbourne et c'est elle qui a *rincé* le café. Le matin suivant, elle nous a récupérés à notre hôtel et nous a emmenés dans ce qu'elle a appelé le « bush ». Je m'attendais à un désert de poussière et d'ossements humains mais, en fait, cela n'avait rien à voir. Lorsque les Australiens disent le « bush », ils parlent des bois. De la forêt.

D'abord, il nous a fallu sortir de Melbourne et traverser une banlieue qui paraissait interminable. On était en août, au milieu de l'hiver, aussi les fenêtres de la voiture étaient-elles fermées. Les maisons qui défilaient devant nos yeux étaient en bois et la plupart de leurs jardins étaient entourés de hautes grilles. Elles ne ressemblaient pas exactement à des maisons américaines, mais je n'arrivais pas à distinguer la différence. *Est-ce le toit ?* me suis-je demandé. *Le revêtement extérieur ?* Pat conduisait et, comme nous passions devant la sortie menant à un centre commercial, elle nous a invités à nous imaginer une table de cuisson à quatre foyers.

– À gaz ou électrique ? a demandé Hugh.

Cela n'avait pas d'importance, a-t-elle répondu. Il s'agissait d'une cuisinière symbolique, pas d'une vraie. La métaphore était censée révéler quelque chose d'après le séminaire de management auquel elle avait jadis participé.

– Le premier feu représente votre famille, le deuxième vos amis, le troisième votre santé et le quatrième votre travail. Le point essentiel pour que ça marche, c'est qu'il faut couper un des feux. Et pour que ça marche *vraiment*, vous devez en couper deux.

Pat a monté sa propre entreprise, une affaire lucrative qui lui a permis de prendre sa retraite à cinquante-cinq ans. Elle possède trois maisons et deux voitures, mais même sans tout ça, elle a l'air d'une personne véritablement heureuse. Et ça constitue une réussite en soi.

Je lui ai demandé quels feux elle avait coupés, et elle a répondu que le premier avait été celui de la famille. Après, elle avait éteint la santé.

– Et toi ?

J'ai réfléchi un moment et j'ai opté pour le feu des amis.

– Il n'y a pas de quoi être fier, mais après avoir rencontré Hugh, j'ai cessé de faire des efforts.

– Et quoi d'autre ? a-t-elle demandé.

– La santé, je suppose.

Hugh a répondu que pour lui, ce serait le travail.

– Et ?

– Uniquement le travail, a-t-il dit.

J'ai demandé à Pat pourquoi elle avait coupé le feu de sa famille et, sans la moindre trace d'amertume, elle a parlé de ses parents, deux alcooliques patentés. Ils avaient bu tous leurs salaires et leurs crédits, et vu qu'ils étaient sur la paille, ils avaient beaucoup déménagé, le plus souvent à la cloche de bois. Cela était difficilement compatible avec la possession d'un animal de compagnie, bien que, pendant une courte période, Pat et sa sœur soient parvenues à avoir un mouton. C'était un vieux bélier tout cabossé qu'elles avaient baptisé Monsieur Preston.

– Il était adorable et avait bon caractère, jusqu'au jour où mon père l'a envoyé à la tonte, a raconté Pat. Quand il est revenu, sa peau était tonsurée par endroits et il était couvert de plaies profondes, horribles, comme s'il avait reçu des coups de couteau. Ensuite nous avons déménagé dans un appartement et dû nous débarrasser de lui.

Elle a regardé ses mains sur le volant avant d'ajouter :

– Pauvre vieux Monsieur Preston. Je n'avais plus pensé à lui depuis des années.

C'est à peu près à ce moment-là que nous sommes entrés dans le bush. Hugh nous a montré par la fenêtre un tas de fourrure sale et immobile à côté d'un arbre déraciné, et Pat a dit d'un ton chantant :

– Une victime de la route !

Puis elle s'est garée pour que nous puissions l'examiner de plus près. Depuis notre départ de Melbourne, nous n'avions cessé de gagner de l'altitude dans les contreforts des Grampians. La température avait chuté et il y avait des plaques de neige grise sur le sol. Je portais un pull et une veste mais ils n'étaient pas assez chauds et je frissonnais en me dirigeant vers le cadavre de… de quoi exactement ?

– Un jeune kangourou ?

– Un wallaby, a rectifié Pat.

L'animal avait été percuté, pas écrasé. Il n'était ni défiguré ni en état de décomposition, et j'ai été surpris par la mauvaise qualité de sa fourrure. C'était comme si on avait croisé un lapin avec une mule. Et puis il y avait la queue qui me faisait songer à une lance.

– Hugh, ai-je crié, viens voir le wallaby !

Selon lui, lorsqu'on s'émerveille devant une bête morte au bord de la route, c'est qu'on pourrait tout aussi bien l'avoir tuée soi-même – et pas par accident, mais intentionnellement, en gloussant, très probablement, à l'instant où on lui roule dessus. Donc, il est resté dans la voiture.

– Tu ne sais pas ce que tu perds ! me suis-je exclamé, et un gros nuage de buée s'est échappé de ma bouche.

Cet après-midi-là, notre destination était une bourgade nommée Daylesford qui, à notre arrivée, nous apparut plus comme un décor de cinéma que comme une ville vibrante d'activité. Les bâtisses en bois, hautes de deux étages, de la rue principale faisaient penser à des baraques du Far West peintes de couleurs vives. Ici, une boutique vendant des savonnettes artisanales en forme de petits-fours. Là une caramélerie, une confiturerie et une boutique où s'approvisionner en crème hydratante. Si Dodge City avait été fondée et entretenue par des homosexuels, voilà à quoi elle aurait ressemblé.

– Les sources thermales sont fantastiques, a dit Pat, et elle s'est garée devant un magasin de marionnettes.

De là, nous avons descendu à pied une petite côte et sommes passés devant un groupe de cacatoès à la crête jaune soufre qui tournaient en rond et tiraient des vers de la pelouse d'une maison d'hôtes. À cet instant précis, l'impression de déjà-vu s'est dissipée et l'Australie n'a pas semblé seulement lointaine mais aussi incroyablement étrangère.

– Regardez ça ! ai-je lancé.

Pat s'était occupée de réserver la table du déjeuner. Le restaurant était rattaché à un hôtel et, aussitôt que nous sommes entrés, on nous a installés à côté d'une baie panoramique. La vue donnait sur une grande terrasse en bois surplombant un petit lac. Par une journée ensoleillée, la lumière devait être aveuglante, mais le ciel d'hiver était comme de l'aluminium anodisé. Au-dessous, l'eau avait le même éclat terne et sa surface ne reflétait rien.

On ne vous avait pas encore apporté le menu que vous pouviez déjà deviner de quelle sorte d'endroit il s'agissait. Si vous commandiez du porc, le morceau de viande aurait probablement l'aspect d'un radeau grossier échoué par la marée sur une étroite plage de polenta. Le poisson serait sans doute servi avec des navets émincés ou une bouillie de fruits cuits à la vapeur. Moins un ingrédient était mûr, plus il était estimé, d'où les coquelets, les jeunes pousses d'épinards, les asperges nouvelles dont les tiges étaient aussi fines que des canines.

Comme toujours dans les restaurants chic, j'ai demandé à Hugh de choisir pour moi.

– Tout ce que tu veux, ai-je dit, du moment qu'il n'y a pas de chocolat dedans.

Et tandis que Pat et lui passaient la carte en revue, j'ai regardé l'hôtesse placer un groupe de huit. Une jolie femme d'environ trente-cinq ans fermait la marche. Elle tenait un bébé contre son épaule. Il était couvert d'un châle mais, à en juger par sa taille, il était extrêmement jeune – un mois maximum.

Tenez-le à l'écart du chef, ai-je pensé.

Peu après, j'ai remarqué que l'enfant n'avait pas bougé. Sa mère passait sa main sur son dos, presque comme si elle cherchait un interrupteur, et lorsque le haut du châle est tombé, je me suis aperçu que ce n'était pas un bébé mais une poupée.

– Psssst, ai-je chuchoté.

Et lorsque Pat a levé les yeux, je lui ai indiqué l'autre côté de la salle.

– C'est normal ça en Australie ? ai-je demandé.

– Peut-être cela fait-il partie d'un travail de deuil, a-t-elle suggéré. Elle a peut-être perdu son bébé à la naissance et cela l'aide à l'accepter.

Il y a indiscutablement une frontière entre regarder et fixer, et après avoir été surpris en train de la franchir, je me suis tourné vers la fenêtre. À la rambarde de la terrasse se trouvait une petite plateforme en bois où se tenait ce que je reconnus aussitôt comme étant un kookaburra[1] : il me regardait droit dans les yeux. Ce volatile était aussi gros qu'un goéland mais plus courtaud, plus trapu, et les teintes terreuses de son plumage allaient du beige au noix sombre. Lorsque les plumes sur sa tête étaient dressées, on aurait dit qu'il avait une coupe en brosse, ce qui lui donnait un air de brute, voire de facho. Si les hiboux étaient les professeurs du règne aviaire, ai-je songé, alors les kookaburras devaient en être les moniteurs de gym.

Quand la serveuse est revenue, je lui ai montré la fenêtre et lui ai posé une bonne demi-douzaine de questions, toutes inspirées par la peur.

– Oh, a-t-elle dit, cet oiseau ne fera de mal à personne.

Elle a pris nos commandes et après, elle a dû aller parler à l'un de ses collègues – un grand type, l'âge d'être un étudiant – car

1. Martin-chasseur géant d'Australie, oiseau national du territoire de la Nouvelle-Galles du Sud.

celui-ci s'est approché de notre table avec un bol recouvert d'un couvercle. J'ai cru qu'il s'agissait d'amuse-gueules mais, en fait, c'était destiné au kookaburra.

– Que diriez-vous de sortir lui donner à manger ? a-t-il proposé.

J'ai voulu lui répondre qu'entre le wallaby et la poupée, j'avais eu ma part d'émotions fortes, mais combien de fois une telle opportunité se présente-t-elle dans votre vie ? Voilà comment je me suis retrouvé sur la terrasse, avec un bol de viande de canard crue coupée en fines lamelles. À cette vue, le volatile s'est dressé sur ses pattes puis s'est envolé vers moi. Mon bras a légèrement fléchi quand il s'est posé dessus.

– Ne craignez rien, a dit le serveur.

Il s'est alors mis à parler au kookaburra d'une voix respectueuse et rassurante, comme on s'adresserait à un enfant muni d'un couteau à cran d'arrêt. Car son bec n'était rien d'autre qu'une arme dangereuse. J'ai tenu en l'air un bout de canard cru et, après me l'avoir arraché des doigts, l'oiseau est reparti sur la rambarde. Ensuite de quoi, il s'est mis à marteler la plateforme en bois avec son butin. *Flac-flac-flac*. Encore et encore, comme s'il voulait attendrir la viande.

– C'est ce qu'ils font dans la nature avec les serpents, les lézards et leurs autres proies, a expliqué le serveur. Il croit que c'est toujours vivant, vous comprenez. Il croit qu'il l'achève.

Le kookaburra a dû marteler la plateforme en bois une bonne dizaine de fois avant d'avaler sa lamelle de viande. Puis il a levé la tête d'un air plein d'espoir, prêt à être resservi.

J'ai pris un autre bout dans le bol, et la même scène s'est répétée. *Flac-flac-flac*. Au troisième service, je m'étais habitué à la présence d'un oiseau sur mon bras et je me suis mis à penser à autre chose, plus précisément au mot « kookaburra ». Je l'avais entendu pour la première fois en CM2, lorsque notre professeure de musique avait traversé sa phase australienne. Elle nous avait appris à chanter *Waltzing Matilda*[1], *Tie me Kangaroo Down, Sport*[2], et une chanson que nous appelions simplement *Kookaburra*[3]. Jamais je n'avais entendu de trucs aussi dingues. La première chanson, par exemple, contenait les mots *jumbuck*, *billabong*, *swagman* et *tuckerbag*[4] et aucun d'eux n'était expliqué. Plus les paroles étaient absurdes, plus elles étaient difficiles à mémoriser et c'est très probablement pourquoi j'ai retenu la chanson sur le kookaburra : elle était moins abstraite que les autres.

Je me rappelle que, ce jour-là, après l'école, je l'ai apprise à ma sœur Amy qui devait être en CP à cette époque. Nous l'avons chantée dans la voiture, nous l'avons chantée à table et puis, le soir venu, nous l'avons chantée dans son lit, assis côte à côte, en nous balançant d'avant en arrière.

Nous beuglions ainsi depuis une demi-heure quand la porte s'est brusquement ouverte.

– Bon sang, mais qu'est-ce qui se passe ici ?

C'était notre père, une main posée sur la hanche, façon théière, et l'autre formant un poing – ou peut-être le bec de la théière. Il était dans sa tenue domestique habituelle, c'est-à-dire en slip. Il le portait en toute saison, sans chemise ni chaussettes, à la manière d'un bambin déambulant avec sa couche. Car d'aussi loin que notre mémoire à tous puisse remonter, il en a toujours été ainsi : dès qu'il rentrait du travail, il ôtait son pantalon avec un soupir de soulagement, comme s'il le gênait, comme s'il s'agissait de talons

1. Chanson folklorique considérée comme l'hymne officieux australien.

2. Littéralement : « Attache mon kangourou, mon pote », chanson comique de Roy Ellis datée de 1957.

3. Célèbre comptine australienne signée Marion Sinclair.

4. *Jumbuck* : mouton en argot australien ; *billabong* : point d'eau qui ne s'assèche jamais ; *swagman* : vagabond, hobo ; *tuckerbag* : sac à provisions des vagabonds et des broussards.

aiguilles. Cela dit, mon père présentait bien en slip. Se profilant dans l'embrasure de la porte, il ressemblait à un catcheur. Il n'était peut-être pas en superforme, mais il donnait plus le change que n'importe lequel des pères de notre rue.

– Bon Dieu, il est une heure du matin ! David, dans ta chambre !

Je savais qu'il était dix heures et demie maximum. Enfin, cela ne servait à rien de discuter. De retour au sous-sol, je suis allé dans ma chambre et lui a repris sa position devant la télé. Quelques minutes plus tard, il ronflait, et j'ai rejoint Amy à pas de loup et nous avons repris notre chanson vingt fois.

Il n'a pas fallu longtemps à mon père pour rappliquer.

– Je ne t'avais pas dit de retourner dans ta chambre ?

Ce qui m'a frappé, plus tard, c'était l'innocence de tout cela. Si j'avais des enfants et qu'ils veillent tard pour chanter une chanson sur un oiseau, je trouverais la scène charmante. Je pense même que je me dirais : Je savais bien que j'avais une bonne raison de les avoir, ces deux-là. J'irais peut-être même jusqu'à les enregistrer en secret et envoyer la bande au concours *Mes gosses sont plus mignons que les vôtres*. En revanche, mon père ne voyait clairement pas les choses sous le même angle, ce qui me paraissait étrange. Ce n'était pas comme si nous perturbions la réception télé. Il ne pouvait même pas nous entendre de là où il était, alors de quoi se plaignait-il ?

– Très bien, fils, je te donne dix secondes : une, deux…

Je suppose que c'était de ne pas être respecté qui le contrariait. Si notre mère nous avait dit de la fermer, nous lui aurions probablement obéi. Tandis qu'avec lui qui se pavanait en slip, l'affaire ne semblait vraiment pas sérieuse.

À six, j'ai repoussé les couvertures.

– J'y vais, ai-je grommelé, et j'ai de nouveau suivi mon père dans l'escalier.

Dix minutes plus tard, j'étais de retour. Amy m'a fait de la place et nous avons repris là où nous nous étions arrêtés.

– Ris, kookaburra ! Ris, kookaburra ! Ta vie doit être bien gaie !

En fait, c'était peut-être ce dernier couplet qui devait l'ennuyer. Un garçon de onze ans au lit avec sa sœur, qui ne se contentait pas de chanter une chanson sur un oiseau, mais qui le faisait de son mieux, en roulant d'avant en arrière et en s'imaginant sur scène, vêtu d'une cape, devant une foule énorme.

La troisième fois qu'il est entré dans la chambre, notre père avait l'air furieux. Pire encore, il brandissait un accessoire de théâtre, la terrible pagaie de la Fraternité. Elle ressemblait à une queue de castor en bois. Dans mon souvenir, des lettres grecques étaient pyrogravées sur un côté et entourées de toutes les signatures des Beta Epsilon[1], des hommes que nous n'avions jamais rencontrés, aux sobriquets désuets comme Gaucho et le Dissident – des noms aussi synonymes de malchance que Smith & Wesson. Notre père ne sortait pas la pagaie très souvent, mais lorsque c'était le cas, il s'en servait.

– Allez, finissons-en.

Amy savait qu'elle n'avait rien à craindre. Il en avait après moi, l'instigateur, aussi s'est-elle calée contre les oreillers en soulevant ses jambes pendant que j'allais me réfugier de l'autre côté du lit, où je suis resté là, debout, à danser d'un pied sur l'autre. C'était la pire stratégie imaginable, car ma fuite ne faisait qu'attiser la colère de mon père. Par ailleurs, quelle personne saine d'esprit se rendrait pour subir une telle punition ?

Il a fini par m'avoir, les premiers coups atterrissant juste au-dessous de mes genoux. Puis je me suis retrouvé à terre, et il est passé au haut de mes cuisses. *Flac-flac-flac.* Certes, cela faisait

1. Fraternité étudiante américaine.

mal, mais je dois reconnaître qu'il ne s'est pas emballé. Il ne s'est jamais emballé. Un jour, je lui posé une question à ce sujet. J'avais quatorze ans environ. Il a mis ça sur le compte d'un mélange de bon sens et d'une maîtrise de soi exceptionnelle.

– Je savais que je te tuerais si je ne m'arrêtais pas à temps, a-t-il répondu.

Comme toujours après avoir été fessé à la pagaie, je suis retourné dans ma chambre en me promettant de ne plus jamais parler à mon père. Au diable, mon père ! Au diable, ma mère, qui n'avait rien fait pour le retenir ! Au diable, Amy, qui avait échappé aux coups ! Et au diable, tous les autres, qui devaient déjà être en train de commérer sur mon compte !

Je ne connaissais pas encore la métaphore de la table de cuisson mais ça ne m'a pas empêché d'éteindre le feu « famille ». Ensuite j'ai fermé ma porte et j'ai bouillonné dans mon coin, tout en sachant que, sans eux, je n'étais rien. Ni un fils, ni un frère, juste un garçon : et comment cela pourrait-il jamais suffire ? En tant qu'adulte, la situation ne me paraît pas différente. Si on éteint « famille », comment savoir qui on est ? Si on l'éteint pour obtenir du succès, à quelle aune ce succès pourra-t-il être mesuré ? Quel sens aura-t-il ?

Je pensais à cela lorsque le kookaburra, enfin rassasié, a avalé sa dernière lamelle de canard et s'est envolé au-dessus du lac. À l'intérieur du restaurant, nos entrées avaient été servies et, à travers la vitre, j'ai regardé Hugh et Pat considérer leurs assiettes. J'aurais dû les rejoindre aussitôt mais j'avais encore besoin d'une minute pour assimiler tout ça et décider si j'avais ou non réussi, ne serait-ce qu'à mes propres yeux. Une ville romanesque au bout du monde, assez d'argent dans mes poches pour « régaler » dans un restaurant de luxe, et le cri de cet oiseau dans les arbres au loin, qui riait, qui riait.

Rester tranquille

À vingt-trois ans, j'ai travaillé un certain temps dans un restaurant du centre-ville de Raleigh. S'il n'était pas végétarien au sens strict du terme, du moins tendait-il dans cette direction. « Bio », disaient les gens. Ma paie n'était pas terrible – trois dollars cinquante cents de l'heure –, mais le déjeuner était offert et, de temps à autre, je pouvais emporter des restes à la maison : des demi-pitas rassies, des tasses de tahini beige. Des feuilles de laitue. Deux fois par semaine, la cuisinière rôtissait des dindes et, quand elle en avait gratté la chair pour les sandwiches, j'avais droit aux carcasses dont je me servais pour concocter des soupes. Je les mangeais avec des crackers badigeonnés de mayonnaise ou parfois une omelette fourrée au riz.

Ma journée au restaurant commençait habituellement vers onze heures et demie et finissait trois heures plus tard, ce qui me faisait quarante dollars par semaine, charges déduites. Mon loyer s'élevait à cent cinquante dollars par mois et, pour le payer, je devais accepter d'autres emplois à temps partiel : peindre un appartement, si j'avais de la chance, ou donner un coup de main sur des chantiers de construction – ces boulots, peu nombreux, je les dénichais grâce au bouche à oreille. J'aurais dû quitter le restaurant et trouver quelque chose de plus lucratif mais je me disais que j'avais besoin du temps libre qu'il me laissait, que j'en avais besoin pour mon *vrai* travail, ma sculpture. Ce n'était pas dénué de tout fondement. J'avais participé à deux expositions primées dont une au musée des Arts de l'État. J'y consacrais plusieurs heures quotidiennes. J'entassais des brindilles, j'arrangeais des choses dans des cartons. Je tapais des notes énigmatiques sur des fiches que je suspendais à mon plafond.

J'aurais facilement pu prendre un boulot à plein temps, puis rentrer chez moi, assembler des brindilles mais, d'une certaine manière, je devais être pauvre, ne serait-ce que pour prouver l'authenticité de ma créativité. Ce cliché se vérifiait en toute occasion. Les gens ne disaient pas « artiste » mais « artiste affamé ». Du coup, même si vous ne faisiez rien d'important, vous étiez sur le bon chemin aussi longtemps que vous aviez faim, non ?

Être sur la paille était aussi une bonne excuse pour ne pas bouger. Quand j'avais vingt ans, rien ne m'arrêtait. J'étais intrépide, du genre à me rendre en auto-stop au Mexique pour relever un défi. J'avais vécu à San Francisco pendant un moment et aussi en Oregon. Puis j'étais revenu dans le sous-sol de mes parents et avais perdu tout le supposé culot que j'avais pu avoir. Depuis mon retour à Raleigh, mon entreprise la plus audacieuse avait consisté à m'installer dans mon propre appartement, et ce sur l'insistance de mon père et pratiquement sous la menace de son couteau. Ne songeant qu'à mon bien, ma mère me rendait visite avec des provisions.

– J'ai pensé que tu aurais peut-être besoin de viande, disait-elle en me tendant un sac imbibé de sang et rempli de bœuf haché, de côtelettes de porc et parfois aussi d'un billet de vingt dollars.

Ma situation s'améliora un peu au cours de l'hiver 1981 lorsque ma sœur Gretchen emménagea dans l'appartement du dessus. Comme j'avais quelques années de plus qu'elle, elle me voyait plus grand que je n'étais, pas au point de se faire un torticolis, mais assez pour que je ne me sente pas complètement nul. Quand je me considérais à travers le regard de mes parents, je n'étais qu'un asticot rampant dans la boue et les excréments vers un champignon hallucinogène, alors que l'admiration de ma sœur me donnait l'impression que tout n'était peut-être pas perdu. Je n'étais pas sur la paille, je me reposais avant de me préparer pour un prochain grand projet.

Gretchen venait de passer deux ans et demi à la Mountain State University[1], là même où j'avais étudié deux ans plus tôt. À présent elle espérait entrer à l'École de design de Rhode Island et se promettait de ne jamais l'appeler l'EDRI si elle était reçue.

– On verra ça, ai-je dit, car je n'ignorais pas que les personnes affairées commencent toujours par se délester des syllabes superflues.

Gretchen a soumis son portfolio et, en attendant de savoir si elle serait acceptée, elle s'est inscrite à un cours d'entomologie à l'université de l'État de Caroline du Nord et a trouvé un boulot de serveuse dans une pizzéria près de la fac. À la fin de son service, elle récupérait deux parts de pizza abandonnées par des clients, parfois délestées de leurs champignons ou de leur pepperoni, et me les apportait enveloppées dans du papier alu. Je me gavais tandis qu'elle faisait trotter ses insectes, dont un se languissait généralement dans son bocal du condamné. Elle l'emportait partout où elle allait, une chambre à gaz portative pour toute chrysope, tout trichoptère ou autre criquet du chameau qui avait le malheur d'attirer son attention.

Avec le retour du printemps et l'augmentation du nombre des victimes de Gretchen, j'ai trouvé un job d'appoint à l'université : modèle pour le cours de dessin d'après nature. Je ne posais pas

1. Université privée américaine située à Beckley en Virginie-Occidentale.

dans le plus simple appareil, ni même torse nu – j'étais bien trop timide – si bien qu'on ne m'appelait qu'à l'occasion. Comme je venais habillé, la prof, une femme nommée Susan, m'encourageait à me présenter dans toutes sortes d'accoutrements ; plus les couleurs juraient, mieux c'était. « Et n'oubliez pas les chapeaux ! » avait-elle coutume de dire.

Dès que j'étais planté devant un parterre d'étudiants, mes pensées me ramenaient à l'argent, notamment à la fois où j'avais failli toucher le pactole et l'avais bêtement laissé m'échapper. Cela s'était passé peu après le nouvel an, alors que je m'étais rendu avec un ami au musée Hirshhorn à Washington. Avant de visiter les collections, nous avions confié nos affaires à l'hôtesse du vestiaire. En repartant, j'avais présenté mon ticket à la même personne et, après avoir cherché sur ses portants, elle était revenue avec un grand manteau en vison auburn, doublé de satin vert émeraude. C'était beaucoup plus lourd que je ne l'aurais cru, comme si un ours s'était évanoui dans mes bras. Après m'être dit que cela pouvait être une farce, je m'étais rendu compte que la femme ne me prêtait aucune attention. Quoi de plus facile, alors, que de tourner les talons et de sortir par la porte ? J'en étais assez près pour sentir déjà l'air froid sur mon visage, mais j'avais eu la frousse et rebroussé chemin vers le vestiaire.

– Je suis désolé mais je crois que vous vous êtes trompée.

L'hôtesse avait regardé le vison étendu devant elle sur le comptoir.

– Et vous ne vous en apercevez que maintenant ? s'était-elle étonnée.

– Quelle garce ! avais-je dit à mon ami en marchant vers la voiture, emmitouflé dans mon manteau d'occasion. Elle aurait dû me remercier. Mieux encore, elle aurait dû me *récompenser* !

Comment peut-on être aussi stupide ? pensais-je à présent, face à la classe, avec mon turban à motif cachemire. Ce vison aurait pu tout changer dans ma vie. Ce n'était pas exactement voler, me disais-je, pas au sens technique. Le propriétaire légitime du manteau aurait été dédommagé, alors qui aurait été lésé, au fond ?

L'immeuble dans lequel nous vivions, Gretchen et moi – une grande maison miteuse qui avait été découpée en appartements –, se situait à mi-chemin entre le centre-ville et l'université. Aucun de nous n'avait son permis et, pour nous rendre au travail ou à la fac, nous devions donc marcher, pédaler ou supplier les gens de nous y conduire, tout comme nous le faisions dans notre enfance. À moins d'un kilomètre de chez nous, à l'autre bout d'un beau et impeccable quartier, se trouvait un centre commercial appelé Cameron Village. Un soir que ma sœur revenait de la supérette qui y était ouverte vingt-quatre heures sur vingt-quatre, un sac de provisions dans une main et son bocal du condamné dans l'autre, elle avait été agressée par un homme qui l'avait attaquée par-derrière et avait essayé de la traîner dans les buissons.

Il avait l'élément de surprise pour lui, mais Gretchen était grande, en tout cas pour une Sedaris, et puissante. Dès qu'elle a eu retrouvé ses esprits, elle s'est dégagée et précipitée vers la maison la plus proche pour obtenir de l'aide. Comme aucune lumière ne s'est allumée, elle a couru au milieu de la chaussée, jusqu'à notre porche trois pâtés de maisons plus loin. J'ai entendu qu'on frappait à la porte et, quand je l'ai ouverte, elle a foncé directement dans la cuisine. Là, elle est restée sans rien dire, toute tremblante – visiblement en état de choc –, avec des feuilles dans ses cheveux. J'ai appelé la police et commencé à cacher mes drogues. Après ça, j'ai téléphoné à mes parents, conscient que je volais la primeur de la nouvelle à quelqu'un et encore plus conscient du ton dramatique de ma voix.

– Gretchen a été attaquée.

Le policier qui s'est présenté m'a d'abord confié qu'il était déjà venu dans mon appartement.

– Pour une affaire de narcotiques, il y a des années de ça, a-t-il précisé en balayant du regard la cuisine et le salon où des dizaines de fiches pendaient du plafond.

Il a pris la déposition de ma sœur et venait de repartir en voiture inspecter le secteur, lorsque mes parents sont arrivés. Avant même d'avoir posé son sac, ma mère a déclaré que c'était la faute de Gretchen.

– Aller faire ses courses à pied à onze heures du soir, c'est à croire que tu le cherchais !

Notre père, qui a toujours su distordre le temps quand ça l'arrange, a rejeté la responsabilité sur moi.

– Il était une heure du matin et tu as laissé ta sœur errer seule dans les rues ?

– Il n'était pas une heure, ai-je rétorqué. Il n'est même pas une heure maintenant.

– Ah, conneries !

Le policier est revenu déposer le sac de provisions de Gretchen ainsi qu'un bocal de mayonnaise contenant un papillon de nuit à moitié mort et une boulette de coton imbibée de dissolvant à ongles.

– C'est… à vous ? s'est-il enquis.

Mon père a lancé son regard « Là, j'aurais tout vu ! » à ma sœur.

– Oh, c'est bien, a-t-il dit. Tu as capturé un joli petit papillon pendant que tu traînais dehors à deux heures du matin ?

Le lendemain, il a emmené Gretchen au poste de police où elle était censée examiner des photos d'identité judiciaire. Le type qui l'avait agressée était noir. Elle avait remarqué qu'il portait un tee-shirt blanc puis ses lunettes étaient tombées, et tout s'était brouillé.

– Bon, a dit l'agent. Passons à son pantalon. Réfléchissez bien : était-ce un pantalon ou un short ?

Lorsque Gretchen a répondu : « Un pantalon », mon père a donné une claque sur le bureau.

– Enfin ! s'est-il exclamé. *Maintenant* nous avançons !

Ce jour-là, après mon service au restaurant spécialisé dans les aliments bio, quand je suis revenu dans mon appartement, mon père et ma sœur m'attendaient.

– Nous ne pouvons pas compter sur la police pour attraper ce type, a déclaré mon père. Alors voilà ce que nous allons faire : nous allons patrouiller dans le quartier pour essayer de le trouver.

– Nous allons patrouiller dans le quartier pour essayer de trouver un Noir ? ai-je demandé.

– Avec un pantalon et un tee-shirt blanc, a ajouté Gretchen. Des vêtements qu'il n'a probablement pas pu changer, vu qu'ils sont collés à sa peau.

– Ne fais pas la maligne, a répliqué mon père. Cet individu a tenté de te violer, ne l'oublie pas. Tu crois que c'était un truc isolé comme s'il s'était dit : « Bon, ça n'a pas marché, alors je suppose que je vais changer de voie, peut-être pourrais-je envisager de vendre des glaces ? »

Il n'était pas le seul à fulminer. Pendant toute la matinée, au travail, je m'étais imaginé tomber sur ce type au moment où il agressait ma sœur. Dans ma rêverie, je rentrais à pied, l'esprit occupé par mes pensées. Il était onze heures du soir, un mercredi, et soudain j'entendais un cri de femme et repérais des mouvements dans les buissons. Là-dessus, je saisissais le type par le col et disais quelque chose d'à la fois poli et hostile du genre : « Excuse-moi, l'ami… » Puis je me voyais le frapper comme les hommes le font dans les films, mon poing s'écrasant dans un beau craquement et sa mâchoire s'ouvrant comme un melon mûr. Une fois que je l'avais étendu par terre, je le rouais de coups, jusqu'à ce que Gretchen intervienne en criant : « David, arrête ! Arrête, tu vas le tuer ! »

C'était une charmante petite songerie, mais elle aurait été encore plus agréable si l'individu avait été blanc, ou au moins plus ou moins blanc, un étudiant espagnol participant à un programme d'échange, par exemple, ou un Hawaïen de passage en ville pour ses affaires. Entre toutes les possibilités, pourquoi devait-il être noir, surtout en Caroline du Nord où tout était si lourd de sens ? Je pense que Gretchen partageait mon sentiment – non qu'elle ait voulu fuir le problème mais parce qu'elle se retrouvait confrontée à un stéréotype pénible. Et voici qu'à présent notre père organisait une battue.

La situation est devenue encore plus bizarre lorsque j'ai remarqué la batte de base-ball posée sur la banquette arrière de la voiture. Ce n'était pas quelque chose qui venait de la maison – nous aurions eu autant de chances de posséder un trident. Non, elle était flambant neuve et portait encore son étiquette.

– *Tu as acheté* une batte de base-ball ?

– Du calme, a rétorqué mon père. Si nous n'attrapons pas le gars, ton frère s'en servira peut-être…

– Pourquoi ? Depuis quand Paul s'intéresse-t-il au base-ball ? Et par-dessus le marché, tu ne sais même pas qui nous cherchons !

Mon père espérait que Gretchen se souviendrait du langage corporel de son agresseur – la manière dont il marchait ou bougeait ses mains – et qu'elle pourrait ainsi l'identifier. Plus vraisemblablement, peut-être reconnaîtrait-elle sa voix. Bien sûr, c'était possible, et j'aurais pu le comprendre si cela avait réduit l'éventail des suspects potentiels – cinq hommes alignés derrière un miroir sans tain, par exemple. Mais en l'occurrence, tout mâle noir de Raleigh entre dix-huit et soixante-cinq ans était un candidat crédible, notamment s'il portait un pantalon et un tee-shirt blanc.

– C'est ridicule, a grommelé Gretchen.

Notre père est passé devant le restaurant de pancakes et a tourné dans Hillsborough Street, s'arrêtant peu après pour montrer du doigt un homme noir.

– Celui-ci ne te rappelle rien ? a-t-il dit.

Le garçon devait avoir une vingtaine d'années et il tenait une canette de Coca devant sa bouche. Il a baissé le bras lorsque nous nous sommes garés à côté de lui.

– Dites-moi, lui a demandé mon père après avoir passé la tête par la fenêtre, vous savez comment on fait pour aller au capitole ?

Le jeune homme nous a indiqué la direction d'où nous venions et a ajouté que ce n'était pas très loin.

Mon père s'est alors tourné vers Gretchen.

– Quelque chose te revient ?

– Papa, s'il te plaît…

Sentant qu'un truc bizarre se produisait, le jeune homme s'est éloigné de la voiture et a repris son chemin.

– Eh ! a crié mon père. Eh, toi !

Le Noir suivant qu'il a arrêté avait un plâtre usé au bras, et celui d'après un accent africain et des cicatrices qui lui faisait comme une barbe sur le visage. Puis Gretchen a voulu rentrer chez elle. Comme elle était de service ce soir-là, mon père a insisté pour la conduire à son travail. Il m'a bien fait comprendre que je devrais la raccompagner à son appartement.

– Je n'arrive toujours pas à croire que tu l'as laissée traîner seule à trois heures du matin !

S'il y avait un point sur lequel tous les adultes semblaient s'accorder, c'était que Gretchen s'était montrée imprudente en se rendant à pied à la supérette. Si imprudente, selon certains, qu'on ne pouvait pas vraiment blâmer son agresseur : après tout, qu'était-il *censé* penser ? Une jeune femme seule à une heure aussi tardive… une jeune femme en short, qui plus est.

– Alors le bocal du condamné compte pour du beurre ? ai-je avancé. Est-ce si difficile de distinguer une prostituée d'une étudiante ? Les putes ne portent pas de lunettes. Et moi alors ? Je vais tout le temps à pied à la supérette.

Les règles étaient évidemment différentes pour les femmes. Dans leur enfance, chacune de mes sœurs avait été abordée par un inconnu prétendant chercher sa route. Elles s'approchaient de la vitre baissée et s'apercevaient que la braguette du conducteur était ouverte, que son pénis était dur et qu'il le massait. Cela n'avait jamais été le même type – l'un pouvait être un chauve avec des lunettes de soleil et l'autre un amblyope avec des favoris –, mais les filles Sedaris avaient vécu la même mésaventure à tour de rôle. Elles avaient vu se masturber un homme de l'âge de leur père et, après ça, elles étaient rentrées dans la maison, pas hystériques mais légèrement hébétées, comme si un chat leur avait adressé la parole.

Je m'étais senti laissé à l'écart et me rappelle avoir demandé à mon père pourquoi cela ne m'arrivait jamais.

– Mais réfléchis donc, avait-il répondu. T'exhiber devant une fille est une chose, mais devant un garçon… Faut être sacrément pervers !

Et il y avait eu les appels anonymes à la maison.

– Vous voulez manger ma *quoi* ? avais-je entendu un jour ma mère répondre dans le combiné. Mon vieux, si c'est ce que vous cherchez, vous sonnez à la mauvaise porte !

Puis elle avait ri, sans cruauté mais avec ce qui semblait être de la spontanéité. Si elle avait dit : « Une seconde, je vais vous passer ma fille », cela ne m'aurait pas surpris.

Ces exhibitionnistes et ces détraqués du téléphone étaient presque comiques et je percevais confusément qu'ils devaient inspirer de la pitié. De là à être touché par leur sort, c'était une autre histoire. Et puis il y avait la barrière raciale. Je ne sous-entends pas que mon père agissait selon le principe du deux poids, deux mesures – il se serait également lancé à la recherche d'un suspect de viol blanc. Mais je ne crois pas qu'il se serait senti aussi frustré et hors de son élément.

Le lendemain du jour où elle avait examiné les photos d'identité, Gretchen devait assister à un cours. Lorsque je suis revenu du boulot, mon père attendait sur le porche. Il semblait qu'avec ou sans ma sœur, il était déterminé à trouver l'homme qui l'avait attaquée. À ce stade, cela devenait complètement absurde, et je pense qu'il s'en rendait compte. Une personne que vous aimez est agressée par un inconnu, et vous avez le choix entre rester chez vous et ne rien faire ou patrouiller en voiture avec une vodka glacée clapotant entre vos jambes et regarder les autres hommes, les regarder *vraiment*, les étudier comme les étudiants m'étudiaient pendant le cours de dessin.

– Tiens, *ça,* c'est nouveau, a dit mon père à un moment, en me montrant un type avec un bonnet de bain sur la tête.

Mon père et moi passions rarement du temps ensemble et il était encore plus rare que nous soyons dans la même équipe, avec une batte, qui plus est. Nous voulions tous les deux protéger Gretchen, bien qu'en définitive aucun de nous n'en fût capable. Après avoir été reçue à l'EDRI, elle a déménagé à Providence et a même appris à conduire. Un soir qu'elle se trouvait dans sa voiture et venait de se garer devant son immeuble, un homme a ouvert la portière du passager et s'est assis à côté d'elle.

– Il était blanc, a-t-elle dit. Et il portait un jean et une veste écossaise rouge.

Heureusement, elle l'avait effrayé en klaxonnant. Quelques mois plus tard, après un long service au restaurant où elle travaillait, elle s'était endormie et, à son réveil, il y avait trois hommes debout autour de son lit. Dans ce cas précis, il s'agissait de la protéger contre elle-même : les individus étaient des pompiers. Apparemment, elle s'était couchée en laissant une casserole de pop-corn sur le feu et son sommeil n'avait été troublé ni par la fumée dans la cuisine, ni par les appels de ses voisins, ni par les coups redoublés à sa porte.

Tout cela est arrivé bien après cet après-midi où mon père et moi patrouillions dans Raleigh à la recherche de violeurs potentiels. Pendant un moment, nous avons parlé de Gretchen, imaginant ce qui aurait pu se produire de pire afin d'alimenter notre colère. Puis nous avons évoqué mes autres sœurs qui avaient tant besoin de nous – enfin, au moins de lui. J'ai été déçu quand mon père a fait demi-tour et m'a déposé chez moi après avoir terminé sa boisson. D'une certaine manière, je ne m'étais pas encore rendu compte à quel point je redoutais cet appartement, à quel point il me paraissait chargé de mon sentiment d'échec. J'avais l'impression d'avoir raté une marche décisive sur le chemin qui mène à l'âge adulte. Mon père était passé par le lycée, la Marine, l'université et IBM, bondissant de l'un à l'autre comme sur les pierres d'un torrent qu'il aurait traversé. Je n'aurais certainement pas fait les mêmes choix, mais on ne pouvait qu'admirer sa détermination. Lorsque je songeais à mon parcours, je me rappelais les quelques Quaaludes[1] que j'avais pris une semaine plus tôt, des pilules qui m'avaient fait redégringoler tout l'escalier en montant chez Gretchen. Est-ce que le reste de ma vie ressemblerait à ça ? J'aurais voulu crier « Aide-moi » à mon père mais je n'ai pu dire que ces mots :

– Tu aurais vingt dollars à me prêter ?

– Tu peux toujours rêver.

– Dix ?

1. Drogue récréative à base de méthaqualone, un sédatif dont les effets sont similaires à ceux des barbituriques.

Gretchen a reçu sa lettre d'admission peu de temps après ces événements. La nouvelle a supplanté celle de son agression et, même si elle ne déménagerait pas avant trois mois, c'était comme si elle était déjà partie, en un sens. L'incident qui nous avait réunis apparaissait désormais comme la fin de quelque chose, d'un chapitre qui, dans son cas, aurait pu s'intituler : « La vie avant que ma vraie vie commence ».

Après son départ, j'ai regretté les pizzas, mais c'est surtout elle qui m'a manqué, une personne assez candide pour croire en moi. Lorsqu'elle repasserait, elle ne serait pas différente de mes amis qui étaient partis et revenaient en avion à Noël et me donnaient le sentiment d'être le dernier des derniers. Ce n'était pas leur but, d'ailleurs. Bien sûr, ils mentionnaient les célébrités qu'ils avaient croisées, les expositions d'art et toutes les possibilités qui s'offraient à eux dans leur nouvelle ville si excitante, mais il y avait toujours un moment où ils ramenaient la conversation sur Raleigh, dont ils gardaient une si vive nostalgie.

– Parce que les gens, mon Dieu... disaient-ils. Et on peut trouver des logements si spacieux ici... un appartement pour – combien paies-tu, David, cent cinquante par mois ?

S'il fallait avoir des économies pour pouvoir déménager, une dose de bon sens s'avérait encore plus nécessaire. Le vison que j'avais rendu ce jour-là à Washington ne m'aurait pas aidé à quitter la Caroline du Nord. Avec l'argent que j'aurais pu obtenir de sa vente, je serais resté là où j'étais, j'aurais vécu chichement semaine après semaine, m'inventant de nouvelles excuses. Il ne m'avait pas échappé que, pendant mes séances de pose pour le cours de dessin, je demeurais immobile, au sens propre comme au sens figuré. J'ai gardé cette position trois années de plus, une durée plutôt longue quand on ne va nulle part, et même interminable quand on ne va nulle part rapidement.

Un petit e-mail en vitesse

Coucou, Robin,

Un petit e-mail en vitesse pour te remercier pour le cadeau de mariage, ou le « certificat de cadeau de mariage », devrais-je plutôt dire. Deux pizzas gratuites : comme c'est gentil de ta part !

Peut-être n'étais-tu pas au courant que j'avais déposé ma liste de mariage chez Tumbridge & Colchester. En juin dernier, si ma mémoire est bonne, un peu avant l'annonce de nos fiançailles. Ce n'est pas que les pizzas soient mal tombées ; elles sont arrivées au bon moment, mais en faisant un léger détour. Contrairement à toi, qui te fiches si merveilleusement de ce que pensent les autres, je suis un peu vaine, surtout quand il s'agit de ma silhouette. C'est pourquoi j'ai utilisé le « certificat » pour nourrir les ouvriers qui construisent notre petite extension. Je sais que tu trouvais notre maison déjà bien assez vaste comme ça. « La maison de Barbie grandeur nature », c'est ainsi que je t'ai entendue la décrire si brillamment à notre mariage. « Non mais, sérieusement, as-tu ajouté, de combien d'espace deux personnes ont-elles besoin ? »

Ou bien as-tu dit : « Deux personnes aussi minces » ? Avec l'orchestre qui jouait et tous ces gens qui hurlaient leurs félicitations, ce n'était pas évident de tout capter. Ça ne l'est pas plus dans notre maison qui n'en finit pas de s'agrandir, avec les ouvriers qui martèlent toute la journée ! Ils ont déjà abattu la cloison séparant la cuisine du coin petit déjeuner. Cela laissera assez de place pour un argentier de plain-pied et la nouvelle cuisinière seize feux sur laquelle je lorgne depuis un moment. En plus, cela nous permettra d'agrandir l'espace-bar et d'installer un second lave-vaisselle et un moulin électrique pour moudre du maïs bleu. (Quelqu'un est partant pour une omelette maison ?) Puis nous allons murer cette véranda inutile, l'isoler et créer une salle à manger séparée dont nous nous servirons quand nous passerons à la nourriture asiatique. C'en sera fini de cette rampe que tu aimes tant, mais ce n'est pas comme si on se voyait tout le temps et je ne crois pas que ça te tuera de gravir six marches, même sur le ventre. En fait, à partir du moment où elles seront propres, je pense même que ça pourrait t'être bénéfique.

Puisqu'on aborde le sujet, Robin, est-ce bien juste d'insister sur tout ton traitement ? Et puis, est-ce bien sain ? L'accident de voiture remonte à déjà presque un an. Tu ne crois pas qu'il est temps de passer à autre chose ? Ai-je besoin de te rappeler toutes mes blessures : l'épaule démise, le poignet pratiquement fracturé qui continue de me picoter quand je fais un effort fatigant comme battre au fouet par temps humide ? Par-dessus le marché, il m'a fallu des jours pour enlever ton sang de mes cheveux. La préposée aux admissions m'a inscrite comme rouquine – voilà à quel point c'était moche –, avec ton incisive gauche presque entièrement enfoncée dans mon crâne ! Ce n'était pas une lésion de la moelle épinière, bien sûr, mais comme le dit le Dr Gaffney, la balle est dans ton camp désormais. Ou bien tu vis dans le passé en paraplégique amère et solitaire, ou bien tu vis dans le présent en acceptant ton handicap. Je me suis secouée et me suis remise en selle, alors pourquoi pas toi ?

Par ailleurs, as-tu reçu la carte que je t'ai envoyée de notre lune de miel ? L'Irak était magnifique, exactement comme je l'avais rêvé, mais il y avait *tant* d'Américains là-bas ! J'ai dit à Philip : « Existe-t-il un endroit tranquille ? Non mais c'est vrai, quoi ! Si on avait cherché la foule, on aurait tout aussi bien pu aller à Paris ! » À vrai dire, nous sommes aussi passés à Paris, mais c'était pour le boulot et non pour les vacances. Philip devait voir une cliente, une Américaine de passage à l'occasion d'une importante vente de chablis. Il l'avait déjà défendue pour une histoire de conduite en état d'ivresse et avait gagné le procès, malgré le résultat de l'alcootest et l'enregistrement vidéo d'une partie de ses agissements répréhensibles au moment des faits. À présent ils poursuivent les gens qu'elle a renversés, en tout cas, celui qui est encore en vie, et ils ont de bonnes chances d'obtenir gain de cause. Je ne dis pas ça pour t'inquiéter. En aucune façon. Avec l'extension de la maison et le million et demi d'autres choses à faire sur ma liste, l'idée d'un procès ne me viendrait pas à l'esprit. À moins qu'elle ne me soit imposée.

Pendant que mon bûcheur de mari s'entretenait avec sa cliente, je vadrouillais seule sur les quais, m'arrêtant ici et là dans une boutique, et j'ai souvent pensé à toi. Car je me rappelais que Philip et toi aviez passé votre lune de miel à Paris. C'était le bon vieux temps, quand le dollar et l'euro étaient pratiquement à parité de change. Maintenant, un café et un croque-madame coûtent une fortune, alors imagine le prix d'une paire de chaussures Christian Louboutin ! Je suppose que c'est justifié pour toi, mais pour quelqu'un qui marche autant que moi, quelqu'un qui a la réputation de galoper partout où l'on annonce des soldes, de telles chaussures ne lui durent qu'une ou deux saisons maximum. Mais que pouvais-je faire ? L'Irak avait été littéralement pillé à notre arrivée, et je voulais garder un petit souvenir de mon voyage.

Après notre retour au pays, Philip a immédiatement repris le travail. Son boulot numéro 1 : me rendre heureuse. Nous avons commencé par lancer le chantier de l'extension ($$$$$$$), puis nous nous sommes efforcés de faire effacer de mon casier une condamnation pour conduite avec facultés affaiblies et nous y sommes parvenus. Ça n'a pas été simple, mais les procédures juridiques le sont rarement. Tout ce que je peux dire, c'est que s'il est utile d'avoir des amis, ça l'est encore plus d'avoir des amis gouverneurs !

Rien de tout cela ne te sortira de ta chaise roulante, mais cela *restaurera* ma confiance en moi et ce que je me plais à considérer comme ma bonne réputation. Cela signifie aussi qu'il faudra que tu cesses de m'appeler « cette salope d'ivrogne qui a pris mes jambes avant de voler mon mari ». « Ivrogne » est un terme relatif et, si j'étais toi, je veillerais à ne pas l'employer à tort et à travers. La partie sur les jambes est une exagération, puisque tu les *as* toujours (avec leurs grosses veines violettes et tout le reste). Quant au vol, Philip est venu à moi de sa propre volonté – consentement mutuel entre adultes, aucune coercition là-dedans. Finalement, tout ce qui reste est le mot « salope » qui peut avoir différents sens. En ce qui me concerne, je l'utiliserais pour décrire une personne dont l'idée d'un cadeau de mariage consiste en un bon d'achat pour deux pizzas ! L'offrir à ton ex-mari, je peux le comprendre, mais à ta propre sœur ? C'est vraiment déplacé.

Il faut que je coure à un rendez-vous !
Ronda

Un type entre dans un wagon-bar

À l'âge d'or du voyage américain, on avait une sorte de brouillard jusqu'aux genoux sur les quais des gares. Dans les films en noir et blanc, on voit tout le temps ses tourbillons argentés au-dessus du sol. J'avais toujours cru que c'était la vapeur des locomotives, mais à présent je me demande si cela ne venait pas des cigarettes. On pouvait fumer partout à cette époque : dans le wagon-restaurant, dans sa couchette. Selon sa préférence, ça pouvait être le paradis ou l'enfer.

Je sais qu'il y avait un wagon fumeurs dans le train de l'Amtrack reliant Raleigh à Chicago en 1984, mais sept ans plus tard, il avait disparu. Désormais, si vous vouliez fumer, votre seule option était de vous rendre au bar. Cela paraît très bien, au passage, et même romantique – « le bar du train du lac Shore » –, en réalité, c'était plutôt déprimant. Trop éclairé, trop bruyant et plein d'alcooliques qui réquisitionnaient les places immédiatement après avoir embarqué et restaient là, marinant comme des kebabs bon marché, jusqu'à leur destination. Au début, leurs voix pouvaient sembler joyeuses : les intonations chaleureuses d'étrangers nouant des liens d'amitié. Puis les buveurs se relâchaient, rabâchaient et finissaient par verser dans cette sentimentalité louche qui passe pour de la sincérité chez les alcooliques.

Dans le train pour Chicago que j'ai pris à New York au début du mois de janvier 1991, un des poivrots a baissé son pantalon et a remué son cul nu devant la barmaid. À trente-quatre ans, j'étais assez âgé pour savoir quoi en penser et pourtant je me suis esclaffé comme tout le monde. Le voyage était interminable – presque dix-neuf heures, sans compter les retards sur la ligne –, mais à part un déraillement, rien n'aurait pu entamer ma bonne humeur. Je m'en allais rejoindre le petit ami que j'avais laissé derrière moi en déménageant à New York. Nous nous fréquentions depuis six ans, et bien que nous ayons rompu un nombre de fois qu'aucun de nous n'était capable de calculer, j'avais l'espoir que cette visite puisse nous réunir. Après quoi, il me retrouverait pour un nouveau départ à Manhattan et tous nos problèmes s'envoleraient.

Il a été préférable pour nous deux que les choses ne se passent pas ainsi, même si je ne pouvais évidemment pas m'en rendre compte sur le moment. Le voyage censé nous réconcilier nous a séparés pour de bon et j'étais bien plus triste en embarquant à bord du train pour New York. Il a quitté Union Station en début de soirée. Le ciel de cette fin janvier avait la couleur de l'étain et, au-dessous, le sol – aussi plat que de la pâte à pain aplatie au rouleau – luisait sous le vernis de la neige fondue. J'ai regardé la ville s'éloigner dans le lointain, puis je suis allé fumer une cigarette dans le wagon-bar. De la douzaine de poivrots qui étaient montés en titubant à Chicago, il y en avait un qui ressortait tout particulièrement. J'ai toujours eu l'œil pour les types à l'air paumé, et c'est ce qui m'a attiré chez lui – je l'appellerai Johnny Ryan –, l'impression qu'il venait de se faire larguer. Une fois qu'il atteindrait ses trente ans, une certaine dureté apparaîtrait sans doute sur ses traits, au niveau de la bouche et des yeux, mais en l'occurrence, à vingt-neuf ans, il se trouvait juste à la limite, telle une bouteille bouchée un jour avant que le vin ne tourne au vinaigre.

C'est probablement lui qui a lancé la conversation, vu que je n'en aurais jamais eu le culot. En d'autres circonstances, j'aurais bredouillé un « Salut » et couru me rasseoir à ma place, sauf que là, ma rupture m'avait convaincu qu'un événement majeur était sur le point de se produire. La chance d'une vie allait se présenter et, pour la saisir, je devais me lâcher et cesser d'être si « rigide ». C'est le qualificatif dont mon ex-petit ami m'avait affublé. Il avait ajouté « catégorique » pendant qu'il y était, une autre manière de dire : « pas marrant du tout ». Le fait que ça m'ait blessé confirmait ce que j'avais toujours suspecté : tout était vrai. Personne n'était plus barbant, pudibond et braqué sur ses positions que moi.

Johnny n'avait pas l'air homo, mais c'est difficile à dire avec les alcooliques. De même que les détenus et les bergers, beaucoup d'entre eux se moquent de savoir avec qui ils couchent, l'idée étant que ce qui se passe dans le noir demeure dans le noir. C'est du lendemain matin qu'il faut s'inquiéter – les insultes, les claquements de porte, les accusations d'avoir en quelque sorte ensorcelé l'autre. Je devais être sacrément désespéré pour penser qu'une telle personne me permettrait de commencer une nouvelle vie. Non que Johnny fût de mauvaise compagnie, mais ce que nous avions en commun était tout simplement trop déprimant. Le chômage, par exemple. Mon dernier boulot avait été lutin chez Macy.

J'ai appelé ça « assistant personnel », en espérant qu'il ne demanderait pas de qui.

– Euh… du père Noël ?

Son dernier job exigeait la manipulation de produits chimiques dangereux. Après un accident à Thanksgiving, il avait eu des furoncles dans le dos. Quelques mois plus tôt, un bidon de benzène s'était renversé et avait brûlé tous les poils de ses mains et de ses bras. Cela ne faisait que le rendre plus séduisant. J'imaginais ses paluches roses et lisses ouvrir la porte au reste de ma vie.

– Alors, tu comptes fumer là toute la nuit ? a-t-il dit.

D'habitude j'attendais neuf heures avant de boire de l'alcool.

– Et puis zut ! me suis-je exclamé. Je vais prendre une bière. Et pourquoi pas, après tout ?

Quand deux places se sont libérées, Johnny et moi sommes allés nous asseoir. À l'autre bout du wagon, un Noir avec une moustache fournie donnait du poing sur sa table en Formica.

– C'est une nonne qui arrive en ville, a-t-il raconté. Elle voit une pancarte sur laquelle est écrit : « Coup rapide : vingt-cinq dollars ». Ne sachant trop ce que ça signifie, elle retourne au couvent, va voir la mère supérieure et lui dit : « Excusez-moi, mais c'est quoi un coup rapide ? » Et la vieille répond : « Vingt-cinq dollars, comme en ville. »

Le wagon s'est brusquement rempli d'éclats de rire et Johnny s'est allumé une nouvelle cigarette.

– Un comique, a-t-il soupiré.

J'ignore comment nous en sommes venus à parler de jeux de hasard – peut-être lui ai-je demandé s'il avait un passe-temps favori.

– Je parie sur les rencontres sportives, sur les chevaux et les lévriers – bon sang, si tu mettais deux puces sur la table, je serais prêt à parier sur celle qui saute le plus haut. Et toi ?

Pour moi, le jeu est comparable à un poteau téléphonique pour un chien de prairie. Il voit que c'est là mais pourquoi, il n'en a pas la moindre idée. Des amis ont eu beau essayer de m'expliquer, je ne comprends toujours pas. Pourquoi risquer de perdre son argent ?

Johnny avait fréquenté les Joueurs Anonymes, mais leurs jérémiades lui avaient porté sur les nerfs et il avait cessé d'y aller au bout de trois séances. À présent il se rendait à Atlantic City où il espérait rafler la mise à une table de craps.

– Bon ! s'est exclamé le Noir à l'autre bout du wagon. J'en ai une autre : des noix sur un âne, ça donne quel fruit ?

Il a allumé une cigarette et a soufflé sur l'allumette.

– Un *ananoix* !

Une femme au nez rouge, vêtue d'un pull décoratif, s'est mise à parler, mais le comique lui a dit qu'il n'avait pas encore fini.

– Une noix qui boit la tasse, ça donne quel genre de fille des eaux ?

Il a attendu un instant.

– Une *noïade* ! Et des noix sur votre menton, ça donne quoi ?

Il a regardé ses auditeurs l'un après l'autre.

– Une bite dans votre bouche !

– Ah, ça s'améliore, a soupiré Johnny. Il faudra que je m'en souvienne…

– Il faudra que je te le rappelle, ai-je lâché, tremblant un peu de mon audace. Enfin, je voulais dire que je suis plutôt bon pour retenir les blagues.

Comme le Noir se calmait, j'ai interrogé Johnny sur sa famille. Je n'ai pas été surpris d'apprendre que sa mère et son père avaient divorcé. Ils avaient cinquante-quatre ans tous les deux et vivaient actuellement chacun avec un partenaire beaucoup plus jeune.

– La copine de mon père – je suppose que je devrais l'appeler sa fiancée – n'est pas plus âgée que moi, a dit Johnny. Avant de perdre mon boulot, j'avais un appartement, mais je crèche chez eux maintenant. Le temps de retomber sur mes pattes, tu comprends.

J'ai hoché la tête.

– Quant à ma mère, c'est une vraie catastrophe, a-t-il continué. Accro au shit, un moulin à paroles parfaitement assorti à son connard de mec de trente ans.

Rien dans la vie de ce gars ne me paraissait normal. La nourriture, par exemple : il se souvenait de sa mère en train de se rouler des joints sur le plan de travail de la cuisine, mais jamais de l'avoir vue aux fourneaux, pas même pendant les vacances. En guise de repas, ils mangeaient des hamburgers ou des pizzas achetés dans la rue, parfois un sandwich préparé à la hâte au-dessus de l'évier. Johnny ne cuisinait pas non plus. Pas plus que son père ou sa future belle-mère. Je lui ai demandé ce qu'il y avait dans leur réfrigérateur.

– Du ketchup, de la bière, des sodas – quoi d'autre ? s'est-il interrogé.

Il n'avait aucun scrupule à se décrire comme alcoolique.

– C'est un fait. J'ai aussi les yeux bleus et les cheveux noirs. La belle affaire !

– En voilà une mignonne, a repris le blagueur noir. Un sandwich aux œufs frits entre dans un bar et commande un verre. Le barman le reluque, avant de répondre : « Désolé, on ne sert pas la nourriture au bar, ici. »

– Oh, elle est vieille celle-là, a dit l'un de ses compagnons de beuverie. En plus c'est censé être un hamburger, pas un sandwich aux œufs frits.

– C'est censé être de la *bouffe*, voilà ce que c'est censé être, a rétorqué le Noir. Quant à savoir de quelle sorte de bouffe il s'agit, c'est mes oignons.

– Amen, a dit Johnny.

Le Noir l'a salué en levant le pouce. Sa blague suivante a eu beaucoup plus de succès.

– Qu'est-ce que le vérolé dit à la prostituée en la payant ? « Gardez le chancre ! »

Je me suis imaginé un truc qui ressemblait à un champignon au creux d'une paume tendue. Puis j'ai mis la main devant ma bouche et ri si fort que de la bière a jailli de mon nez. Je m'essuyais la figure quand l'heure du dernier service a sonné. Tout le monde s'est alors rué vers le bar pour faire le plein. Certains buveurs resteraient dans le wagon jusqu'à la réouverture, le lendemain matin, les autres regagneraient leur siège et se reposeraient un peu avant de remettre ça.

Quant à Johnny, il avait une bouteille de Smirnoff dans sa valise. J'avais deux cachets de Valium dans la mienne et, en raison de mon passé difficile avec les sédatifs, je n'ai pas eu de mal à les partager. Une heure plus tard, nous avons décidé d'un commun accord que nous avions besoin de shit. Chacun de nous en avait, aussi la question était de savoir où le fumer – et accessoirement comment s'y rendre depuis le bar. Car, après le Valium, les six bières et la vodka sans eau, marcher était devenu un problème pour moi. J'ignore quelle quantité d'alcool aurait pu faire tomber Johnny, mais il en était encore loin. Voilà ce qui se passe après des années de soûleries : on devrait perdre connaissance, mais au lieu de ça, on reste debout et on déborde d'idées brillantes.

– Je crois avoir trouvé le lieu qu'il nous faut, a-t-il dit.

Je ne suis pas vraiment sûr de la raison pour laquelle il a choisi les toilettes des femmes plutôt que celles des hommes. Peut-être était-ce plus près ou peut-être n'y avait-il pas de toilettes pour hommes. Dans un cas comme dans l'autre, j'ai toujours autant honte en y repensant, même après toutes ces années. L'idée de me planquer dans des chiottes, de les monopoliser pour pouvoir passer un moment avec quelqu'un qui n'éprouvera jamais, en aucune circonstance, l'attirance que j'ai pour lui me fait grincer des dents. Surtout si l'on considère que ces « cabinets », comme il les appelait, étaient la modeste tentative d'Amtrack de retrouver un peu de glamour. Ils se résumaient à une petite pièce avec une fenêtre – un espace à peine plus grand qu'un placard. Il y avait un coin où s'asseoir pendant qu'on se brossait les cheveux ou qu'on se remaquillait, et un miroir dans lequel se regarder pendant ces opérations. Une seconde porte, à l'intérieur, donnait sur un lavabo et un W-C, mais nous l'avons gardée fermée et nous sommes assis sur la moquette.

Johnny avait apporté nos gobelets en plastique du bar et, après s'être installé, il nous a versé à boire. Je me sentais tout mou, comme si l'on m'avait désossé ; je suis tout de même parvenu à bourrer la pipe et à tenir mon briquet sous le bol. En jetant un regard par la fenêtre, j'ai vu la lune qui m'a semblé, dans mon état semi-conscient, plate et artificiellement lumineuse, une sorte de Pringle luisant.

– Tu crois qu'on peut éteindre la lampe au-dessus de nous ? ai-je suggéré.

– Pas de problème, chef.

C'est lui qui a abordé le sujet du sexe. À un moment, je lui ai demandé si sa mère lui faisait un prix sur sa came, et l'instant d'après, j'ai compris qu'il me parlait d'une femme avec qui il avait récemment couché.

– Une grosse, a-t-il précisé. Une suceuse de sang.

Johnny m'a aussi avoué qu'en vieillissant, il avait de plus en plus de pannes.

– Je suis à fond dedans et tout à coup : « Putain, qu'est-ce qui se passe ? » Tu vois le truc ?

– Oh, oui, absolument.

Il a reversé de la vodka dans son gobelet en plastique et l'a fait tourner, comme s'il s'agissait d'un bon cognac qui avait besoin de respirer.

– T'as déjà été mêlé à des bagarres ? s'est-il enquis.

– Tu veux dire des disputes ?

– Non, des bastons, avec les poings. Tu as déjà cogné des types ?

J'ai rallumé la pipe et songé à l'accrochage que mon ancien copain et moi avions eu avant mon départ. C'était la première fois depuis le CM2 que je frappais quelqu'un qui n'était pas de ma famille, et j'en gardais l'impression d'être un crétin de première catégorie, et cela principalement parce que mon coup de poing avait davantage tenu de la gifle. Et pour ne rien arranger, j'avais alors glissé sur le trottoir verglacé et m'étais affalé sur un talus de neige molle et grisâtre.

Il était inutile de répondre à la question de Johnny sur les bagarres. Il avait mis le sujet sur la table à son bénéfice plus qu'au mien, c'était un prétexte pour déplorer la taille de ses biceps. À l'époque où il boxait, le droit mesurait quarante-quatre centimètres de circonférence.

– Maintenant, il fait moins de trente-cinq centimètres, m'a-t-il avoué. Putain, je suis en train de rétrécir sous mes propres yeux !

– Bon, mais tu ne pourrais pas trouver un moyen de l'engraisser ? Tu es jeune. Ça ne doit pas être si dur de reprendre du poids, si ?

– Le problème, ce n'est pas de prendre du poids, c'est de le gagner au bon endroit, a rétorqué Johnny. Deux packs de six canettes par jour peuvent faire enfler le bide, mais c'est merdique pour les bras.

– Tu as pensé à faire des soulevés de canette avant de les ouvrir ? Ça devrait faire de l'effet, non ?

– T'es un vrai mariole, a répliqué Johnny d'une voix monocorde. Continue comme ça et tu vas pouvoir remplacer l'autre con dans le wagon-bar.

Après une minute de silence, il a rallumé sa pipe, a inhalé profondément et me l'a passée.

– Regarde-nous, a-t-il dit alors en laissant échapper un long soupir. Deux minables de première classe !

J'allais prendre ma défense, au moins pour lui faire remarquer que nous étions en seconde classe, lorsqu'on a frappé à la porte.

– Dégagez ! a aboyé Johnny. Les toilettes sont fermées jusqu'à demain.

Un moment plus tard, on a de nouveau frappé, plus fort cette fois-ci, et avant que nous ayons eu le temps de réagir, une clé a tourné dans la serrure et un contrôleur est entré. Cela n'aurait servi à rien de nier : la pièce empestait le shit et la fumée de cigarette. Il y avait la bouteille de vodka à moitié vide, les gobelets en plastique renversés. Il ne nous manquait plus que deux abat-jour sur la tête et le tableau aurait été complet.

Sans doute le contrôleur aurait-il pu nous créer des problèmes – confisquer notre drogue, nous faire interpeller au prochain arrêt –, mais il a préféré nous conseiller d'aller prendre l'air, ce qui n'était guère facile dans un train en marche. Johnny et moi nous sommes séparés sans nous souhaiter bonne nuit. J'ai regagné mon siège réservé en titubant et j'imagine qu'il en a fait de même. Je l'ai revu le lendemain matin, au fond du wagon-bar. Quel qu'ait été le sortilège du soir précédent, il était brisé à présent, et Johnny n'était plus qu'un alcoolique parmi d'autres, qui démarrait sa journée par un petit verre et un rince-gueule. Quand j'ai commandé un café, le Noir racontait une blague sur une sorcière avec un seul sein.

– Lâche-nous un peu, a dit la femme au pull décoratif.

J'ai fumé quelques cigarettes et puis j'ai rejoint ma place en me préparant à souffrir d'une migraine pendant deux jours. Affaissé contre la fenêtre, j'ai essayé en vain de dormir et un voyage en Grèce que j'avais fait en août 1982 m'est revenu à l'esprit. J'avais alors vingt-cinq ans et j'avais effectué seul le voyage de Raleigh à Athènes. Plusieurs jours après mon arrivée, mon père, mon frère et ma sœur Lisa m'avaient rejoint. Tous les quatre, nous avions circulé dans le pays, et lorsqu'ils étaient repartis en Caroline du Nord, j'avais pris un bus à destination du port de Patras. De là, je m'étais rendu en bateau à Brindisi, en Italie. Pendant le trajet, j'avais eu tout le temps de me demander pourquoi je n'étais pas rentré avec ma famille. En théorie, c'était merveilleux : une aventure européenne. Mais j'étais trop timide pour en profiter, trop coincé, et je me sentais piégé par mon ignorance des langues.

Un étranger bilingue m'avait aidé à acheter un billet de train pour Rome, mais pour le retour à Brindisi, je ne pouvais plus compter que sur moi-même. L'homme derrière le guichet m'avait proposé trois options, et je suppose que j'avais dit oui à celle qui signifiait : « Pas de place assise pour moi, merci. J'aimerais être serré comme une sardine sans accès à un savon ou à l'eau courante. »

C'était une requête classique, au moins parmi les jeunes et les étrangers. J'avais entendu parler français, espagnol, allemand et pas mal d'autres idiomes que je n'arrivais pas tout à fait à identifier. Qu'est-ce qui ressemblait à de l'anglais passé à l'envers ? Le néerlandais ? Le suédois ? Si je trouvais la foule intimidante, c'était plus dû à mon sentiment d'insécurité qu'à la manière dont les gens me traitaient. J'imagine que les autres semblaient avoir plus de mérite que moi, avec leurs bandanas délavés et leurs gourdes en peau de chèvre pleines de vin. Pendant que je comptais les jours en attendant de pouvoir rentrer, ils avaient l'air doués pour savourer la vie.

Jeune homme, j'avais les cheveux brun foncé et beaucoup plus épais qu'aujourd'hui. J'avais un seul sourcil continu au lieu de deux bien détachés, et l'on aurait pu croire qu'il m'arrivait de monter un âne. Peut-être jugerez-vous cela bizarre, et même vaniteux, mais je trouve que j'étais mignon, l'été de mes vingt-cinq ans. Je ne l'aurais pas dit à cette époque, mais en regardant les photos que mon père avait prises à Athènes, je me dis : *C'était moi ? Vraiment ?* Sur le plan de l'apparence physique, j'ai l'impression que ce mois fut mon grand moment, mon sommet, après quoi le déclin a été rapide et impitoyable.

Il n'y a que deux cent quarante kilomètres entre Rome et Brindisi mais, avec tous les arrêts et les redémarrages, le train n'avançait pas. Nous étions partis vers vingt heures trente, je crois, et durant les premières heures, tout le monde était debout. Nous nous sommes accroupis en croisant les jambes un peu plus quand une personne, puis une autre, ont décidé de s'allonger. Lorsque des passagers ont décidé de changer de position, j'ai été poussé dans un coin où j'ai effleuré un gars nommé Bashir.

Il était libanais, m'a-t-il révélé, et il se rendait dans une petite université italienne où il comptait obtenir une maîtrise d'ingénieur. L'anglais de Bashir était excellent et, en quelques minutes, nous avons noué ce qui passe entre voyageurs à l'étranger pour une sorte d'amitié instantanée. Plus qu'une amitié, en fait, une idylle. Ce train et son roulement tranquille coloraient tout, autour de nous, tandis que nous traversions la campagne italienne obscurcie par la nuit. Bashir était – comment le décrire ? C'était comme si vous aviez récupéré les yeux de Bambi et les aviez replacés, à moitié endormis, sur une tête humaine. Chez lui, il n'y avait rien de dur ni d'abîmé. En vérité, c'était plutôt l'inverse : angélique, aurait-on pu dire à son propos, *joli*.

De quoi donc avons-nous parlé avec tant d'intensité ? Peut-être de l'excitation de pouvoir communiquer de nouveau, de permettre à nos langues engourdies par le manque d'exercice de se remettre à s'agiter et à produire des sons à leur manière habituelle. Au bout de trois heures de conversation, il m'a proposé de descendre du train dans sa ville universitaire et de séjourner, autant que je voulais, dans l'appartement qui l'attendait. Ce n'était pas le genre d'invitation que vous faisiez à un routard, mais quelque chose de plus intime. « Reste avec moi », voilà comment je l'avais interprété.

Tout au fond de notre wagon se trouvait un petit espace, pas plus grand qu'un placard à balais, avec une fenêtre munie de barreaux. Il devait être quatre heures du matin, lorsque deux Allemands échevelés en étaient sortis et nous avions pris leur place. Comme cela arriverait plus tard avec Johnny Ryan, Bashir et moi nous sommes assis sur le sol, dont la saleté le dégoûtait visiblement. En dehors du fait que nous étions sobres et que nous étions si près l'un de l'autre que nos épaules se touchaient, la grande différence était que l'attirance était réciproque. Le moment est venu où nous aurions dû nous embrasser – on aurait pratiquement pu entendre la montée des violons –, mais j'étais trop timide pour faire le premier pas et lui aussi, j'imagine. Cela ne m'empêchait pas de sentir ce truc entre nous, pas seulement du désir mais une sorte d'amour immédiat qui, un peu comme du porridge instantané, peut se préparer en quelques minutes et est presque aussi nourrissant que le vrai. *Nous allons nous embrasser… maintenant*, ai-je d'abord pensé. Puis : *Bon… maintenant, alors.* Et la torture ne cessait de s'intensifier au fil des secondes.

Le soleil se levait lorsque nous avons atteint notre destination, les maisons et les flèches des églises de cette étrange ville – une ville que j'aurais pu faire mienne – se découpaient sur le fond pâle du ciel matinal.

– Alors ? a-t-il demandé.

Je ne me rappelle pas mon excuse, mais cela peut se résumer à de la couardise. Et pourtant, qu'étais-je donc censé retrouver au pays ? Un boulot consistant à pousser une brouette sur les chantiers de Raleigh ? Une piaule minable à côté d'un IHOP[1] ?

Bashir est sorti avec ses trois grosses valises et il m'est resté comme une grosse boule éternelle dans la gorge, que je sens chaque fois que j'entends le mot « Liban » ou que je vois les contours agités de la carte de ce pays au journal du soir. Et je

1. Chaîne de fast-foods spécialisée dans les pancakes.

me demande alors : *Es-tu retourné là-bas ? T'arrive-t-il de penser à moi ? Es-tu seulement encore en vie ?*

Vu le peu de temps que nous avons passé ensemble, c'est fou comme je pense à lui et avec quelle tendresse. En route vers Penn Station, encore barbouillé de la nuit passée avec Johnny Ryan, je me suis demandé ce qui serait arrivé si j'avais accepté l'invitation de Bashir. J'ai imaginé notre appartement surplombant un square : la fontaine murmurante, les dessins de barrages et de ponts bien empilés sur son bureau.

Quand on est jeune, il est facile de croire qu'une telle occasion se représentera, peut-être même *en mieux*. Au lieu d'un Libanais en Italie, il s'agira d'un Nigérian en Belgique ou – qui sait ? – d'un Polonais en Turquie. On se dit que, si l'on a voyagé seul en Europe un été, on pourra sûrement recommencer l'été suivant, et l'été d'après. Mais on n'en fait rien, bien sûr, et sans qu'on ait le temps de s'en rendre compte, on vieillit, lutin au chômage si assoiffé d'amour qu'il passe sa soirée à s'imaginer des choses avec un pilier de comptoir.

Plus nous nous rapprochions de New York, plus je me sentais malheureux. Et puis j'ai songé à ce garçon à qui mon amie Lily et moi avions emprunté un escabeau, quelques mois plus tôt, un certain Hugh. Je ne m'étais jamais fié aux gens qui sautent d'une relation à l'autre, aussi, après que mon train s'est arrêté en gare, suis-je rentré chez moi en métro et ai-je attendu plusieurs heures, peut-être même un jour entier, avant de composer son numéro et de lui demander s'il aimerait entendre une bonne blague.

Auteur, auteur

S'il fallait coincer quelque chose entre deux serre-livres, sans doute choisirais-je une tournée d'auteur. Celles que j'effectuais autrefois commençaient dans une librairie, indépendante ou non, et s'achevaient dans une autre du même genre, à peu près un mois plus tard. Depuis, l'environnement a changé, et il est révélateur que, lors de ma tournée 2008, j'aie démarré et fini dans un Costco.

Le premier où je suis allé se situait à Winston-Salem, en Caroline du Nord. Je passais le week-end chez ma sœur Lisa, me préparant à six semaines de voyage ininterrompu, lorsque son mari Bob a déclaré qu'il avait besoin d'ampoules.

– Quelqu'un est partant pour faire un saut chez Costco ? a-t-il lancé à la ronde, et avant qu'il ait eu le temps de trouver ses clés, je l'attendais devant la porte, haletant comme un chien.

Habitant des grandes villes, il m'est facile d'éviter les énormes hypermarchés. Leurs éclairages impitoyables, leur odeur nauséabonde de caoutchouc et de plastique moulé à bas prix… Ce n'est pas ainsi que j'ai l'habitude de faire mes courses. Chez Costco, cependant, j'ai découvert les présentoirs d'antalgiques : Anacin, Bayer, Tylenol – les huit marques principales y sont représentées. Les cachets sont vendus par deux dans des enveloppes à usage unique, lesquelles sont ensuite agrafées en rang sur une feuille d'un tableau d'affichage. On dirait le genre de marchandise qu'on voit habituellement derrière le comptoir des stations-service. Ailleurs, les paquets coûtent peut-être deux dollars l'unité, mais chez Costco, l'intégralité du présentoir – environ cent cinquante cachets – revient à peine à douze billets.

À la maison, j'achète une boîte de Bufferin ou d'Ibuprofen et cela me suffit amplement, mais lorsque je suis en tournée, j'ai besoin de tout un stock – non pour moi, mais pour les offrir aux gens qui viennent me voir. À l'occasion de l'anniversaire d'un lecteur, je donne toujours les dosettes de shampooing et d'après-shampooing récupérés dans les hôtels. Comme ils ne sont fournis qu'en quantité limitée, on se retrouve les mains vides, avec une foule conséquente, avant même de s'en être aperçu.

Les adultes reçoivent un petit quelque chose pour les événements spéciaux, mais l'essentiel de mes cadeaux va aux adolescents qui y ont droit par la simple vertu de leur existence. Ils peuvent s'éclater n'importe où, et pourtant, au lieu de fumer des joints dans une voiture ou de se faire engrosser dans une cabane à outils du voisinage, ils préfèrent qu'un type entre deux âges leur fasse la lecture dans une librairie. Et pour cette seule raison, ils méritent un gage de ma gratitude. Ce qui est formidable avec les antalgiques, c'est qu'ils sont légers et faciles à ranger dans un sac. En plus, ils sont vraiment utiles.

– Tiens, peut-il m'arriver de dire à un jeune de seize ans, mets ça dans ton porte-monnaie ou ta boîte à gants et pense à moi la prochaine fois que tu auras une gueule de bois.

En 2008, mes cadeaux étaient plutôt minables. J'avais acheté huit douzaines d'épingles de nourrice en Grèce et, bien qu'elles fussent *étrangères*, elles n'avaient pas l'air très différentes de celles qu'on vend aux États-Unis. Idem pour les pansements allemands. Aussi, lorsque Bob a parlé de Costco, j'ai eu l'impression que tous mes problèmes venaient de se régler d'un seul coup.

Comme pour tous les grands magasins de Winston-Salem, il faut quinze minutes pour s'y rendre et quinze minutes supplémentaires pour trouver une place libre sur le parking. Si le bâtiment paraissait grand vu de l'extérieur, il l'était deux fois plus vu de l'intérieur. Le genre d'endroit qui devait générer son propre microclimat. Les chariots aussi étaient légèrement surdimensionnés : ils me faisaient paraître plus petit que je ne le suis en réalité. Et tandis que nous en poussions un vers le rayon quincaillerie, mon beau-frère et moi ressemblions à des gamins de douze ans ratatinés et pathétiques, de toute évidence atteints de cette maladie qui fait vieillir prématurément.

Le magasin n'avait pas les ampoules de Bob, aussi nous sommes-nous dirigés vers le rayon pharmacie qui s'est avéré tout aussi décevant. Les analgésiques étaient vendus dans des bocaux de dix litres et non dans des sachets et j'ai donc cherché un autre type de cadeau qu'un adolescent serait susceptible d'apprécier. Je voulais un truc léger et proposé à l'unité et me suis finalement rabattu sur un tas de préservatifs vendus dans une boîte de la taille d'un parpaing. C'était beaucoup de protection pour relativement peu de poids, et ça me plaisait !

– Très bien, ai-je dit à Bob. Je pense qu'ils feront l'affaire.

En les mettant dans le chariot, je n'en pensais pas grand-chose, jusqu'à ce que, un moment plus tard, alors que nous remontions l'allée avec mon beau-frère de cinquante-six ans, je me sente gay d'une manière évidente, presque titanesque. Peut-être me faisais-je des idées, mais j'avais l'impression que les gens m'observaient – des familles, surtout, guidées par des parents économes et désapprobateurs, qui regardaient notre achat en fronçant les sourcils, l'air de dire : « Vous, les homosexuels, vous n'avez donc que ça à l'esprit ? »

Mon beau-frère fait à peu près ma taille, a des cheveux épais et grisonnants, une moustache assortie et des lunettes à monture métallique de forme plus ou moins carrée. Je n'avais jamais pensé à lui comme à un homosexuel, encore moins comme à un petit ami, mais à cet instant-là, je n'ai pas pu m'en empêcher.

– Il nous faut quelque chose d'autre dans ce chariot, lui ai-je dit.

Bob a disparu dans l'espace réservé aux fruits et légumes et est revenu une minute plus tard avec un cageot de deux kilos de fraises. En un certain sens, cela nous rendait encore plus gays. « Après la sodomie, nous aimons la tarte sablée aux fraises ! » disait la bulle de BD qui flottait maintenant au-dessus de nos têtes.

– Encore un truc, ai-je insisté. Il nous manque encore un truc.

Ne se doutant de rien, Bob a levé les yeux vers les chevrons du toit et a réfléchi une seconde ou deux.

– On a peut-être besoin d'huile d'olive.

– Laisse tomber, ai-je dit d'une voix qui avait tout d'un aboiement. Payons et partons d'ici. Ça ne te dérange pas ?

Plus tard, je me suis demandé ce que les agents de sécurité aéroportuaire avaient dû penser. Ma tournée a commencé et tous les deux ou trois jours, en débarquant dans une nouvelle ville, je trouvais un bout de papier dans ma valise, le genre qu'ils laissent après avoir inspecté toutes vos affaires. Cinq chemises, trois pantalons, des sous-vêtements, une trousse de toilette pleine de pansements et d'épingles de nourrice, deux cravates et plusieurs centaines d'élastiques – quelle sorte de personne pouvait bien avoir l'idée de rassembler toutes ces choses ?

Au fil des semaines, ma valise est devenue de plus en plus conventionnelle.

– J'ai un cadeau pour toi, disais-je à un adolescent. C'est rien d'extraordinaire, juste une petite marque de reconnaissance.

Les jeunes qui fréquentaient les écoles huppées roulaient des yeux.

– On peut avoir les mêmes à l'infirmerie, me charriaient-ils.

Et, de la voix d'un individu dont l'éducation était si différente de la leur qu'il aurait tout aussi bien pu avoir été élevé par des chameliers, je répliquais :

– Vraiment ? Gratuitement ?

Contrairement à beaucoup d'auteurs de ma connaissance, j'apprécie les tournées pour mes livres – en fait, je les adore. Cela dit, je suis dans une position avantageuse et j'ai réussi à en éliminer les aspects déplaisants : les séances photos, par exemple. De nos jours, tout le monde a un appareil intégré à son téléphone portable et j'imagine que les gens se disent : Quitte à prendre des photos, autant lui demander de se lever et de poser une bonne trentaine de fois durant la soirée. C'était moins un désagrément qu'une gêne.

– Vous pouvez trouver mieux que moi, leur disais-je.

Et quand ils m'affirmaient ne pas en être capables, je me sentais encore plus mal. Ainsi, pendant les lectures, il y a désormais une pancarte accrochée au-dessus de ma table de dédicace. « Désolé, dit-elle, mais les photos ne sont pas autorisées. » Cela donne l'impression que c'est la maison qui a eu l'idée, qu'il s'agit d'une politique standard, comme de ne pas manger de caramels dans le rayon beaux-arts.

– Si c'est leur règlement, je suppose qu'il va falloir s'y plier, dis-je aux visiteurs, comme si j'étais réellement déçu.

Débarrassé de la corvée photo, je peux profiter pleinement du moment, ce que je fais en règle générale, sans modération. Chaque soir, après la lecture et une courte séquence de questions-réponses, je m'assieds et me mets à converser avec des centaines d'étrangers. Par exemple, ce type que j'ai rencontré à Toronto :

j'aimais bien ses lunettes et, après que je lui ai demandé où il les avait dénichées, nous avons fini par aborder le sujet de la chirurgie correctrice.

– J'ai entendu dire qu'il faut rester conscient pendant toute l'opération, m'a-t-il raconté, et qu'à l'instant où le laser touche sa cible, on peut vraiment sentir l'odeur de notre œil qui grésille.

J'y ai songé pendant des jours, tout comme à cette éducatrice spécialisée que j'ai croisée à Pittsburgh.

– Vous savez, ai-je dit, il me suffit d'entendre ces mots pour penser immédiatement : *handicapé* ou *difficultés d'apprentissage*. Mais beaucoup de vos élèves doivent être des petits cons comme les autres, non ?

– Exactement.

Puis elle m'a parlé d'un gamin qui – le dernier jour de classe – avait écrit au tableau : « Mme J… est la reine des pipes. »

J'ai été impressionné parce que je n'avais jamais entendu cette expression auparavant. Elle était impressionnée parce que le garçon l'avait correctement orthographiée.

Durant des heures chaque soir, je parle à des gens et leur demande pratiquement tout ce que je veux. L'astuce, bien sûr, consiste à associer la bonne personne à la bonne question. Prenez cette jeune femme que j'ai rencontrée à Boston il y a quelques années. Je signais des dédicaces depuis presque six heures, et lorsqu'elle s'est enfin présentée à la table, j'ai eu un blanc :

– Quand… euh… quand avez-vous touché un singe pour la dernière fois ? ai-je demandé.

Je m'attendais à ce qu'elle réponde « jamais » ou « ça fait un bail », mais au lieu de ça, elle a reculé d'un pas et répondu :

– Oh… Vous pouvez sentir l'odeur sur moi ?

La jeune femme se prénommait Jennifer, et il se trouve qu'elle travaillait pour Helping Hands, une organisation qui dresse les singes à trimer comme des esclaves pour les paralytiques. Sur son invitation, j'ai visité leurs installations à la périphérie de Boston, et passé un après-midi agréable à me faire vider les poches par certains des élèves les plus habiles.

Pendant cette tournée, mes questions étaient plutôt basiques : « Quelle est la dernière lecture à laquelle vous avez assisté ? » ; « À qui allez-vous enfiler ce préservatif ? » ; « Si, en sortant de votre douche, vous voyiez un leprechaun au pied de vos toilettes, vous mettriez-vous à hurler ou comprendriez-vous intuitivement qu'il ne vous veut pas de mal ? ».

En fin de soirée, je rentre dans ma chambre, récupère les nouvelles dosettes de shampooing et d'après-shampooing déposées par le service d'étage, et note tout ce que j'ai appris, pas seulement les histoires que m'ont racontées les gens, mais tous les détails sans intérêt : les noms des restaurants locaux et des salons de coiffure aperçus de la fenêtre de la voiture. Un hôtel avec ses Martini du mardi, un autre avec ses fajitas du jeudi. À Baton Rouge, une femme m'a demandé de donner un nom à son ânesse.

– Stéphanie, ai-je dit.

Et plus tard ce soir-là, trop épuisé pour dormir, j'ai veillé en me demandant si je n'avais pas parlé trop vite.

En 2004, j'ai proposé de signer en priorité les exemplaires des fumeurs sous prétexte qu'ils ne feraient pas long feu et que leur temps était plus précieux. Quatre ans plus tard, mon traitement spécial était réservé aux hommes qui ne mesuraient pas plus d'un mètre soixante-cinq.

– C'est exact, mes petits amis, ai-je annoncé. Vous n'aurez pas à faire la queue.

Cela m'a semblé injuste de me limiter aux hommes, aussi ai-je inclus toutes les femmes portant des bagues aux dents.

– Et nous ? ont protesté la femme enceinte et le boiteux.

Et parce que c'était mon show, je leur ai répondu d'attendre leur putain de tour.

Après un mois aux États-Unis, je me suis envolé pour le Canada pour la fin de ma tournée. Lors de ma première soirée à Toronto, j'ai lu dans la librairie d'une chaîne nommée Indigo. La lecture s'est terminée à minuit et le lendemain après-midi, après une demi-douzaine d'interviews pour la presse et la radio, j'ai été emmené dans un Costco, pas pour y acheter des antalgiques ni des préservatifs, mais pour y rencontrer mes lecteurs. Ou plutôt pour *ne pas* les rencontrer. Ma venue avait été annoncée par une distribution de prospectus et je ne devais pas rester plus d'une heure. Les clients passaient avec leurs énormes chariots, la plupart chargés d'enfants qui regardaient bouche bée, à travers les barreaux, cet inconnu ridicule assis tout seul derrière une table pliante. Pour rendre le tableau encore plus pathétique, il y avait la pancarte à côté de moi, la grande, sur laquelle était écrit : « Pas de photos, s'il vous plaît. »

Je me suis dit que les gens devaient penser : *C'est avec le plus grand des plaisirs que nous nous abstiendrons de vous photographier. Non mais, franchement, pour qui vous vous prenez ?* »

Voilà une question proportionnée à un espace gigantesque où vos yeux peuvent errer au loin, par-delà les panneaux signalant la nourriture surgelée et les équipements automobiles, par-delà la flèche indiquant les caisses, tout là-bas, vers le parking infini qui mène au chemin de la maison.

Obama !!!

Notre village en Normandie est trop petit pour posséder son propre journal, mais il y a plusieurs hebdomadaires qui couvrent la région. S'il n'est pas si compliqué d'obtenir un article élogieux dans, disons, l'*Atlanta Journal-Constitution*, il n'est vraiment, mais vraiment pas trop dur de se retrouver dans *L'Orne Combattante*. En fait, il est même difficile de ne pas y figurer.

Le fermier qui vit en face de chez nous, de l'autre côté de la route, Robert « Bob » Gerbenne, a eu droit à son portrait à la fin des années 1990. « L'homme qui murmure réellement à l'oreille des chevaux », disait le gros titre. Sur la photo, il semblait colporter une rumeur à l'oreille de son percheron, une jument tachetée aussi solide qu'un camion-benne. Hugh a également eu les honneurs du journal – deux fois, pour être exact. Le dernier article traitait de ses peintures de paysage, et le premier, publié en octobre 2004, abordait l'élection présidentielle sur le mode « Qui espérez-vous voir gagner ? ». Le papier en question portait un titre subtil comme « Un Américain affiche son mépris et sa méfiance pour Bush » et l'homme qui murmurait à l'oreille des chevaux l'avait jugé « *pas mal** ».

Des semaines avant l'élection de 2008, *L'Orne Combattante* avait interviewé notre amie Mary Beth, qui était née et avait été élevée dans les faubourgs de Boston, puis avait déménagé dans notre coin après avoir épousé son mari français. « En tant qu'Américaine blanche, vous ne voteriez pas pour un Noir, n'est-ce pas ? » lui avait demandé le reporter.

La formule avait beau être cruelle, la question était plutôt banale, et pas seulement dans la campagne normande. L'année précédant l'élection, je n'avais pratiquement pas cessé de voyager : en Italie, en Grèce, en Allemagne, aux Pays-Bas, en Australie, au Brésil, et un peu partout au Royaume-Uni et en Irlande. Comme il s'agissait de tournées littéraires, j'avais souvent été interviewé par les radios et la presse. Aux États-Unis, à moins que vous n'écriviez sur la politique, vous ne vous attendez pas à être interrogé sur le sujet. De ce côté-ci de l'Atlantique, en revanche, vous pouvez difficilement y échapper, en tout cas si vous êtes américain. J'aurais pu avoir signé une *Histoire du glaçage* qu'ils m'auraient quand même interrogé sur Guantánamo et le refus de mon pays de signer le protocole de Kyoto.

Non pas que je n'aie pas d'avis sur ces questions, mais je crois tout simplement qu'elles n'ont rien d'exceptionnel. Bien sûr, je suis l'actualité. Je lis les journaux et écoute la radio, mais je n'ai accès à aucune information cachée. Quand on en vient à parler de politique, je n'ai que de l'émotion à offrir. Mon point de vue est peut-être légèrement décalé, mais n'est-ce pas le lot de tous les expatriés ?

Je me souviens quand mon père m'a appelé après le début de la guerre en Irak : il m'a demandé si je me sentais en sécurité dans les rues de Paris. Il avait dans l'idée que les Européens, et notamment les Français, étaient devenus ouvertement hostiles aux Américains et s'en prenaient à eux – qu'ils allaient même jusqu'à leur jeter des bouteilles. Si cela se produisait, je n'en avais jamais été témoin et ni entendu parler. Dans mon souvenir, les gens se montraient curieux. Ils avaient un tas de questions, mais je n'ai jamais été insulté ni pris à partie d'une quelconque manière. Il aurait pu en être autrement si j'avais soutenu Bush mais, en l'occurrence, le président nous avait réunis contre lui, mes voisins et moi. C'était comme le monde en miniature de Disneyland, nous étions tous dans le même bateau.

Les primaires ont commencé en 2008, les prédictions aussi. Les journalistes en Grèce, en Australie, à Amsterdam et à Dublin m'ont tous assuré que l'Amérique n'élirait jamais un président noir.

– Peut-être, ai-je rétorqué, mais je vous parie que *la moitié* de l'Amérique pourrait élire un président qui serait *à moitié* noir.

– Aucune chance, a dit l'Allemand qui avait jadis passé une semaine à Los Angeles, tout comme le Brésilien dont l'épouse venait du Tennessee, et l'Anglais qui avait vu *Borat* quatre fois.

Tous étaient experts et savaient bien que les Américains étaient racistes.

Les Blancs sonnent toujours faux quand ils se vantent de leur douceur et de leur indifférence à la couleur de la peau. *Une chose que j'ai apprise de mes nombreux amis asiatiques, latinos et afro-américains, c'est que nous avons tous le même sang qui coule dans nos veines.* Des phrases comme celle-là me donnent la nausée, mais elles ne sont pas pires que la réflexion maintes fois entendue : *Comment puis-je être raciste alors que mon premier petit ami était noir ?*

Mon premier mec était noir, lui aussi, mais ça ne prouve pas que je n'ai pas de préjugés, ça montre seulement que j'aime les gros culs.

Si je me balade dans une rue américaine et croise n'importe quelle personne plus foncée qu'une gousse de cacahouète, je lui dis « Bonjour ». Car, si je ne le dis pas, il ou elle pourrait penser que je suis effrayé. Ce que je dois être, d'ailleurs, sinon je passerais mon chemin en silence, exactement comme je le ferais avec mes congénères blancs.

Est-ce que cela fait de moi un raciste ou plus simplement un type qui s'arrête sur la couleur de peau ? Quoi qu'il en soit, je crains bien plus les conservateurs que les Noirs. Je pense que c'est le cas de beaucoup d'Américains. Aussi, lorsque des journalistes étrangers m'interrogeaient, prédisais-je avec confiance qu'Obama gagnerait.

Cela me valait un hochement de tête désapprobateur et un regard qui se traduisait en cinq langues par : « Pauvre rêveur. »

Comme lors de chaque élection depuis 1998, j'ai voté par correspondance et passé le mois d'octobre à sillonner l'Amérique pour une tournée littéraire. Il n'était question que de la campagne présidentielle et ce qui m'a plu, c'était son côté direct. En France, il existe un parti d'extrême droite appelé le Front national. C'est la faute des immigrés, cessez de construire des mosquées, à bas l'Union européenne : leur programme politique est plutôt prévisible. Le leader du Front national était alors Jean-Marie Le Pen et il avait décrit l'occupation nazie de son pays comme « pas particulièrement inhumaine » et déjà écopé de vingt-cinq condamnations, un pot-pourri allant des coups et blessures à l'antisémitisme, en passant par le négationnisme. C'est un vieillard pâle dont les yeux sont rapetissés par des lunettes à verres épais.

En France, pendant les campagnes politiques, on voit des affiches dans les rues, mais rarement sur les murs des maisons ou des entreprises comme c'est le cas aux États-Unis. Si vous traversez n'importe quelle ville américaine, un mois avant une élection, vous remarquerez une pancarte devant un pavillon sur deux. Trucmuche président ! Machin-chouette, chef de la police du comté ! L'autre, là, prostituée municipale ! J'apprécie aussi que les Américains portent des badges de soutien qui permettent de les identifier. On peut y lire des slogans comme « Vous et moi sommes pareils », « Je suis un énorme connard » ou, dans le cas d'un petit candidat, « Je me fiche de gaspiller mon vote ». Cela rend les gens si merveilleusement faciles à ranger dans des catégories. J'aimerais seulement que les badges soient plus gros, au moins de la taille d'une assiette. De cette manière, on pourrait les déchiffrer de loin et avoir plus de temps pour se renfrogner. En tout cas, c'est mieux que ce qu'on trouve en France, c'est-à-dire rien. Pas de badges, pas d'autocollants. On ne peut pas non plus demander aux Français pour qui ils ont voté. C'est considéré comme impoli.

Je pensais à cela en 2002, lorsque le parti de Jean-Marie Le Pen a gagné une élection dans notre village. Après le décompte final des votes, je suis allé faire un tour et, tout en marchant, je regardais les fenêtres des gens que je croyais connaître et je me disais : *Toi ? Vraiment ?* Ces mêmes voisins qui ne tenaient pas à discuter de leurs propres élections étaient plus qu'heureux de parler de la mienne. Après les conventions de 2008, on ne parlait même plus que de ça.

– Alors, pour qui votez-vous, Obama ou McCain ? voulaient-ils savoir.

– Ils ont besoin de demander ? ai-je dit à Hugh.

C'est vrai, quoi, je pensais que cela tombait sous le sens.

Après ma tournée d'un mois aux États-Unis, j'ai repris l'avion pour la France et suis arrivé le matin du 4 novembre, juste au moment où les Américains se rendaient aux urnes. À l'aéroport Charles-de-Gaulle, j'ai sauté dans un taxi. Pendant le long trajet jusqu'à Paris, le chauffeur écoutait une émission de libre antenne à la radio et les auditeurs qui appelaient expliquaient pourquoi mon candidat ne gagnerait jamais. « Les Américains sont racistes », disaient-ils. « Les Américains ont peur de tout ce qui est différent. » On aurait cru qu'Obama était le candidat français à la présidence des États-Unis, c'est dire à quel point ils se montraient tous aussi possessifs que prématurément déçus. Le chauffeur de taxi a alors apporté son grain de sel.

– Qui va gagner, à votre avis ? m'a-t-il demandé.

Et lorsque je lui ai répondu « Obama », il a répliqué d'un ton sans appel que cela ne risquait pas de se produire.

Et pourtant, bien sûr, cela s'est *produit*. Et tout le monde s'est exclamé : « Obama ! » Même les gens que je ne connaissais pas personnellement, les caissières au supermarché et les autres qui m'identifiaient à mon accent. « Obama ! » s'écriaient-ils. « Bravo ! » J'aurais aimé dire qu'ils se contentaient de me féliciter, mais il y avait quelque chose d'autre dans leur ton. Je l'aurais moins traduit par « Comme c'est merveilleux que vous ayez élu un nouveau président qui réfléchit avant de parler ! » que par « Comme c'est merveilleux que vous ayez élu le président que nous voulions que vous élisiez ! ».

Je me trouvais à Londres lors de l'investiture et j'ai regardé la retransmission de la cérémonie sur la BBC : toutes les trois secondes, on rappelait que Barack Obama était noir et qu'il serait donc le premier président *noir* des États-Unis. Au début, j'ai pensé que les allusions était destinées aux non-voyants et qu'il s'agissait d'un pense-bête au cas où ils auraient oublié. Puis c'est devenu franchement risible : *Barack Obama, qui est noir, arrive à présent avec sa femme noire et leurs deux enfants noirs. Ensemble, ils vont former la première Famille noire d'Amérique, c'est-à-dire, le premier groupe de Noirs élus à la Maison-Blanche, qui est blanche et pas noire comme eux.*

Ça commençait à m'agacer, mais j'ai alors songé : *Si jamais l'Amérique élisait le premier président gay, peut-être aurais-je envie de l'entendre être répété quelques milliers de fois.* Il *faudrait* sans doute des milliers de fois pour qu'on le réalise ! En ce qui me concerne, je n'ai pas voté pour Obama en fonction de sa « race ». J'ai simplement aimé le fait qu'il sache prononcer un discours, contrairement à nos deux précédents candidats démocrates qui parlaient comme s'ils lisaient phonétiquement du coréen et ne savait pas où accentuer les mots.

Durant le dernier mois de la campagne présidentielle, j'avais écouté un talk-show conservateur à la radio : les auditeurs qui appelaient s'efforçaient d'envisager l'inimaginable. Les uns après les autres, ils lançaient la même menace : « Si McCain perd, je quitte le pays. »

« Oh, très bien, ai-je dit. Vous allez partir mais pour aller où ? » Aux Pays-Bas, je suppose qu'il est aujourd'hui légal d'épouser ses propres enfants. Engrossez vos filles et vous pourrez les faire avorter dans une ancienne église transformée en clinique gratuite. Le docteur sera sans doute une femme qui a choisi de devenir un homme avant de redevenir une femme, tout cela aux frais du contribuable, mais aussi longtemps qu'elle conserve les cellules souches, elle aura la bénédiction de la nation.

Ah, c'est tout moi, d'être aussi insensible… Certains me qualifieraient de « mesquin », mais c'est l'hôpital qui se foutrait de la charité ! Les États-Unis ont voté pour me priver de mes droits matrimoniaux et, même si je n'ai pas l'intention de me marier, cela a tendance à me blesser. Je suppose que le plus énervant, à mes yeux, c'est d'abord qu'on ait pu voter pour ce motif. Si vous ne voulez pas vous marier avec un homosexuel, ne vous forcez pas. Mais qu'est-ce qui vous donne le droit de vous mêler des choix de votre voisin ? C'est comme si l'on votait pour déterminer le droit des rouquins à fêter Noël.

Bien sûr, Obama aussi était contre le mariage gay. À part deux outsiders bien décidés, tous les candidats s'y opposaient. Y être favorable était comme accepter le baiser de la mort et, là encore, je ne peux m'empêcher de m'en offusquer. Non mais, franchement, était-ce bien un problème majeur ? Beaucoup de ceux qui l'ont combattu et ont voté contre sont des démocrates, et cela m'afflige d'autant plus. Mais on fait le difficile, hein ? Il y a des choses sur lesquelles on peut s'asseoir et d'autres non. Pendant ce temps-là, mes voisins français étaient tout joyeux et me donnaient des tapes dans le dos en criant :

– Obama !

– Obama ! Obama ! répondais-je avec un sourire de plus en plus crispé.

Et je me disais : *Oh, élisez donc votre propre président noir !*

En stand-by

C'était un de ces cauchemars qui arrivent à tous les passagers d'avion. Un vol est retardé en raison de la grêle ou d'un trafic aérien intense, ou peut-être même est-il carrément annulé. Peut-être vous êtes-vous fait enregistrer deux heures trop tard, ou peut-être vous êtes-vous fait enregistrer à l'heure et avez-vous passé les deux heures suivantes à traîner sur le trottoir roulant. Ce qui vous tombe dessus est une tragédie nationale : *Pourquoi les journaux n'en parlent-ils pas ?* vous demandez-vous.

C'est seulement lorsque cela arrive à un autre que vous vous rendez compte de la banalité de l'incident.

– Quand ils ont annoncé que nous embarquerions à trois heures au lieu de deux heures et demie, je suis allée m'acheter un roulé aux noix de pécan caramélisées et, à mon retour, ils avaient reporté l'embarquement à quatre heures sous prétexte que notre avion n'avait pas encore quitté Pittsburgh. Alors là, je leur ai dit : « Pourquoi ne nous avez-vous pas prévenus il y a une heure ? » ; et ils m'ont rétorqué : « M'ame, écartez-vous du comptoir, s'il vous plaît. »

Vu que je prends tout le temps l'avion, j'entends souvent ce genre de propos. En faisant la queue pour un café, un journal ou un contrôle de traces de poudre sur les poignées de mon tote bag : partout où je vais, une personne en tee-shirt à huit dollars dégaine son téléphone portable pour raconter l'incroyable histoire de son retard. Impossible de ne pas écouter, puis ma concentration se relâche et je m'aperçois que je suis en train de fixer l'individu. Je devrais être habitué au style vestimentaire des Américains en voyage, pourtant cela n'en finit pas de me sidérer. C'est comme si votre voisin enlevait du cirage à chaussures sur un cochon, puis jetait brusquement son éponge en s'exclamant : « Eh merde ! Je pars à Los Angeles ! »

À Halloween, quand je vois les agents des compagnies aériennes déguisés en sorcières et en momies, je ne pense plus : Joli costume ! mais : Alors, nous allons devoir étiqueter nos bagages nous-mêmes ?

Ce que je veux dire, c'est que je les confonds avec *nous*.

Bien entendu, la peur fonctionne dans les deux sens. Je me trouvais dans un avion au printemps 2003 lorsque l'hôtesse de l'air nous a demandé de prier pour nos soldats en Irak. C'était une période difficile, mais nouvelle guerre ou non, on n'a pas envie d'entendre un membre du personnel de bord prononcer le mot « prier ».

On n'a pas non plus envie d'entendre la phrase : « Je reviens de suite. » C'est un message codé signifiant : « Allez vous faire foutre ! » d'après une femme qui travaillait pour la compagnie Northwest et m'a appris plusieurs expressions spécifiques à sa profession.

– Tu as remarqué que les bouteilles d'eau en plastique se compriment pendant un vol ? m'a-t-elle demandé. Eh bien, cela se passe de la même façon avec les boyaux des gens. C'est pour ça que nous avons des gaz.

– Ah, bon.

– Alors ce qu'il nous arrive parfois, à moi et aux autres filles, c'est de péter pendant nos allées et venues dans l'avion. Personne ne nous entend à cause du bruit du moteur, mais quoi qu'il en soit, c'est ce que nous appelons « pulvériser ».

Lorsque j'ai demandé à un steward comment il gérait les passagers belliqueux, il a répondu :

– Oh, on a nos méthodes… La prochaine fois que vous prendrez l'avion et que vous vous apprêterez à atterrir, tendez bien l'oreille lors de notre dernier passage dans l'allée.

À l'été 2009, j'essayais de rejoindre l'Oregon depuis le Dakota du Nord. Il y avait eu des orages de grêle au Colorado et nous avions quitté Fargo avec deux heures de retard. Du coup, j'ai manqué mon vol de correspondance et, à mon arrivée à Denver, on m'a dirigé vers la file du service clients. Elle était particulièrement longue – environ trente, peut-être trente-cinq personnes, toutes rendues irritables par la fatigue. Devant moi se tenaient une femme d'à peu près soixante-quinze ans et deux enfants superbement habillés, un garçon et une fille.

– Les compagnies se plaignent que plus personne ne voyage sur leurs lignes mais, quand vous arrivez à l'aéroport, vous découvrez que votre vol a été surbooké ! a protesté la dame. Mes petits-enfants et moi tentons de nous rendre à San Francisco et maintenant ils nous disent qu'il n'y a pas de places avant demain après-midi !

Là-dessus, son téléphone portable a sonné. Elle a porté l'appareil à son oreille et un grand nombre de bracelets d'argent ont glissé en cliquetant le long de son bras.

– Frank ? C'est toi ? Qu'as-tu trouvé ?

La personne à l'autre bout du fil lui a répondu et comme elle peinait à ouvrir son carnet, je lui ai proposé le mien et un stylo.

– Un jeune homme très aimable vient juste de me donner de quoi noter, vas-y, a dit la dame. Je t'écoute.

Puis elle a ajouté :

– Quoi ? Eh bien, ça, j'aurais aussi pu te le dire !

Elle m'a rendu mon calepin et mon stylo et a murmuré en levant les yeux au ciel :

– Merci quand même…

Après avoir raccroché, elle a dit aux enfants :

– Votre vieille grand-mère est désolée de vous faire subir ça. Mais elle va vous gâter pour se faire pardonner, c'est promis.

Ils ressemblaient aux enfants des catalogues de mode. La fillette était vêtue d'une jupe à carreaux rouges et blancs, et coiffée d'un chapeau de paille au ruban assorti. Son frère portait une chemise et une cravate. C'était un modèle à clip, mais sa sœur et lui n'en étaient pas moins les personnes les mieux habillées de la file. Aucune comparaison possible avec la famille placée à une dizaine de personnes devant eux. Ce petit groupe consistait en un couple d'environ cinquante-cinq ans et trois adolescents dont deux paraissaient être des frères. La troisième tenait un très jeune bébé dans ses bras. Peut-être était-ce un simple emprunt, mais la manière dont elle s'en occupait – la fierté et la joie manifestes qui irradiaient d'elle – me laissait penser qu'il s'agissait de son enfant. J'ai supposé que le père était le garçon à côté d'elle. Il avait des cheveux presque orange qui pendaient de son crâne en tresses longues et fines. Au bout de chacune d'elles se trouvait une perle colorée de la taille d'une bille. Stevie Wonder se coiffait ainsi à la fin des années 1970, mais il est noir. Et aveugle. En plus, Stevie Wonder n'avait pas d'acné dans le cou et ne portait pas de short en jean baggy qui lui tombait au mollet. Pour couronner le tout, il y avait son tee-shirt. Je ne voyais pas le devant, mais dans le dos étaient imprimés en grosses lettres les mots : « Enkulé zarbi ».

Je ne savais pas par où commencer… Voyons, puisque je prends l'avion avec mes parents et mon nouveau-né, je vais mettre un tee-shirt disant : « Donneur d'orgasmes », « Suce tout, j'en ai encore » ou, non, comme j'aurai mes dreadlocks, je pense que je vais opter pour « Enkulé zarbi ».

Le garçon a tendu les bras et récupéré le bébé des mains de l'adolescente, la femme devant moi a grimacé.

– Typique, a-t-elle grommelé.

– Je vous demande pardon ?

Elle a fait un geste vers l'enkulé zarbi.

– Les seuls qui *ont* des bébés sont ceux qui *ne devraient pas* en avoir. (Son regard s'est porté sur les adultes.) Et voyez ces idiots de grands-parents, fiers comme des paons.

C'était une de ces situations dans lesquelles je me trouve souvent en voyage. Un étranger avec qui je suis momentanément en contact dit quelque chose et j'ai envie de répliquer : « Écoutez, je suis d'accord avec vous sur presque tout mais avant que nous n'allions plus loin, j'ai besoin de savoir pour qui vous avez voté aux dernières élections. »

Si la grand-mère était sur la même longueur d'onde que moi et se contentait d'être mesquine et trop hâtive dans ses jugements, nous pourrions prolonger cet échange toute la journée, peut-être même nouer une relation amicale. En revanche, si elle soutenait des idées conservatrices, j'allais devoir changer de voie et me mettre sur celle de l'enkulé zarbi, qui n'était qu'un môme, après tout. Même s'il ressemblait à un personnage du Dr Seuss, cela ne signifiait pas qu'il était incapable d'aimer son bébé – un bébé, me disais-je, qui pourrait devenir juge de la Cour suprême des États-Unis. Ou au moins, je ne sais pas, moi, quelqu'un avec un boulot.

Bien sûr, on ne peut pas *demander* directement aux gens pour qui ils votent. Parfois on peut le deviner en les regardant, mais la grand-mère aux nombreux bracelets aurait pu être de n'importe quel bord. Finalement, j'ai décidé d'adopter une position intermédiaire.

– Ce qui m'agace, c'est qu'ils ne sont même pas fichus d'orthographier correctement le mot « enculé », ai-je chuchoté. Non mais, c'est vrai, quoi ! Quelle sorte d'exemple croient-ils donner ainsi à notre jeunesse ?

Après cela, elle n'a plus voulu parler, pas même lorsque la file a avancé et qu'Enkulé et compagnie se sont retrouvés face à une personne du comptoir. Avec le bébé, ils étaient six, aussi ai-je auguré que cela durerait des heures. *Où ont-ils besoin d'aller, de toute façon ?* ai-je songé. *Quelle que soit leur destination, ça les aurait tués de s'y rendre en voiture ?*

Quand on voyage suffisamment en avion, on apprend à oublier son cerveau si nécessaire. C'est un peu comme voyager dans le temps. Vous vous penchez pour nouer votre lacet et, l'instant d'après, vous vous rendez compte que vous payez quatorze dollars une salade de fruits en vous demandant : *Comment en suis-je arrivé là ?*

À peine m'étais-je mis à dos la grand-mère à Denver que j'ai été piégé par le type derrière moi : il a croisé mon regard et, sans y avoir été invité, a commencé à se plaindre. Une place lui était passée sous le nez, tôt dans la matinée, et il n'était pas très content.

– La fille à la porte d'embarquement a prétendu qu'elle avait appelé mon nom au moment de monter dans l'avion mais, nom de Dieu, elle ne l'a jamais fait.

J'ai essayé de me montrer compatissant.

– J'aurais dû noter le sien, a continué l'homme. J'aurais dû la dénoncer. Bon sang, j'aurais dû lui coller mon poing dans la gueule, voilà ce que j'aurais dû faire !

– Je vous comprends, ai-je dit.

Juste derrière lui se trouvait un chauve avec une moustache argentée, une de ces choses élaborées qui s'égarent un peu avant de se transformer en favoris. Cette pousse de poils était aussi incurvée et touffue que la queue d'un écureuil et son possesseur en faisait tomber les miettes qui y étaient accrochées, lorsque le type qui avait manqué son tour s'est adressé à lui.

– Saloperie de compagnie. Pas étonnant qu'ils soient au fond du trou.

– Ils ne veulent plus bosser, voilà le problème, a rétorqué le chauve moustachu. Tout ce qui les intéresse, c'est leur prochaine pause-café.

Il a alors toisé avec mépris les employés au comptoir, puis a tourné les yeux vers l'enkulé zarbi.

– Celui-là doit chercher à regagner son cirque…

– Lamentable, a lâché l'homme derrière moi.

Lui-même portait un short à pinces kaki et un tee-shirt bleu. Une casquette de base-ball était accrochée à sa ceinture et ses tennis d'un blanc immaculé semblaient toutes neuves. Comme un tas d'hommes qu'on croise de nos jours, il avait l'air d'un gamin qu'on aurait brusquement – de manière traumatisante – placé dans un corps d'adulte.

– Nous en avons un comme ça dans la ville d'où je viens et, chaque fois que je le vois, je rends grâce à Dieu que ce ne soit pas le mien.

Comme les deux se mettaient à déblatérer sur le rap et les pantalons baggy, mon attention s'est volatilisée et j'ai repensé à ma dernière escale à Denver. Je courais sur le trottoir roulant pour ne pas rater ma correspondance tout au bout du Hall C, quand une voix dans les haut-parleurs avait demandé à Adolf Hitler de décrocher un des téléphones de courtoisie blancs de l'aéroport. Et je me rappelle avoir pensé : *Ai-je bien entendu ?* Il est difficile de concevoir qu'on puisse baptiser son fils Adolf lorsqu'on s'appelle Hitler mais, si tel était le cas, la personne concernée changerait probablement d'identité et opterait pour un patronyme moins provocant, une catégorie incluant à peu près tous les autres noms. Ce qui m'avait paru encore plus bizarre, c'était d'entendre dans la même phrase le nom d'Hitler et le mot « courtoisie ». J'avais alors imaginé qu'un homme décrochait le combiné et disait, la voix adoucie par la surprise et la perspective d'une mauvaise nouvelle :

– Oui, allô, Adolf Hitler à l'appareil.

Cette scène m'a fait rire et cela m'a ramené au présent et au type en short kaki derrière moi.

– N'est-ce pas stupéfiant la vitesse à laquelle un seul homme peut couler le pays ? a-t-il dit.

– Vous avez raison, a approuvé M. Moustache. Nous voilà dans un sacré pétrin !

Je croyais qu'ils faisaient allusion à George Bush, mais je me suis progressivement rendu compte qu'ils visaient Barack Obama, lequel, à cette époque, n'exerçait ses fonctions que depuis six mois. Le moustachu a évoqué une concession General Motors dans sa ville natale.

– Ils se débrouillaient bien, mais à présent le gouvernement fédéral leur dit qu'ils doivent fermer. Comme si on était en Russie ou je ne sais quel pays communiste !

L'homme en short kaki a poursuivi la conversation et j'ai regretté de ne pas avoir prêté plus d'attention à ces histoires de renflouement du secteur automobile. On en avait parlé à la radio et dans tous les journaux, mais vu que je ne conduis pas et que j'ai toujours trouvé les concessions de voitures fort laides, je laissais vagabonder mon esprit ou passais à l'article suivant, ce qui était dommage car j'aurais bien aimé me retourner et donner une bonne leçon à ces deux-là. D'un autre côté, même si j'avais été informé, quelle est la probabilité de changer l'opinion d'autrui, en particulier celle de deux inconnus ? Si mon petit esprit est fermé à double tour, pourquoi le leur ne le serait-il pas ?

– En deux mots comme en cent, il faut que nous récupérions notre pays, a dit le moustachu. Et si l'on n'y arrive pas par les urnes, nous devrons peut-être avoir recours à la force.

Ce qui m'a frappé chez lui, comme chez beaucoup de conservateurs que j'ai entendus depuis les élections, c'était le côté infatué, presque égocentrique de son indignation politique, sa certitude que personne d'autre n'avait vraiment vécu cela avant lui. Qu'est-ce que j'avais ressenti pendant les années Bush-Cheney, alors ? Était-ce plus ou moins secondaire ? « Ne me dis pas comment haïr », avais-je envie de dire. Mais je me suis retenu et me suis dit : Tu veux réellement que ce soit ça, ton message ? Tu crois que tu peux haïr plus que moi, espèce de trou du cul ? Je haïssais déjà les gens quand t'étais pas encore né !

Nous n'en finissons pas d'accuser l'industrie aérienne de nous avoir transformés en monstres : c'est la faute des agents de voyages, des bagagistes, des lambins du kiosque à journaux et des fast-foods. Et si c'était ce que nous sommes réellement, et si l'aéroport n'était qu'un forum qui nous permet d'être nous-mêmes, pas seulement haineux mais fiers de l'être ?

Adolf Hitler, pourriez-vous rejoindre votre groupe au point de livraison des bagages n° 4, s'il vous plaît ? Je répète... Adolf Hitler peut rejoindre son groupe au point de livraison des bagages n° 4.

C'est une idée déprimante dont j'ai eu du mal à me débarrasser. J'y pensais encore en embarquant dans mon avion pour Portland et je l'avais toujours à l'esprit plusieurs heures plus tard, lorsqu'on nous a demandé de rendre nos plateaux-repas en prévision de l'atterrissage. Puis les hôtesses de l'air sont passées dans l'allée avec leur sac-poubelle à la main, et elles ont regardé chacun de nous bien en face en murmurant sans discrimination :

– Vos ordures... Vous êtes une ordure... Vous êtes une famille d'ordures...

Je fuis le mariage traditionnel

Lorsque le mariage pour tous a été légalisé par référendum dans l'État de New York, ma femme et moi, nous nous sommes d'abord dit : *Et maintenant ?*

Nous sommes M. et Mme Randolph Denny depuis trente-neuf ans et soudain, sur un simple caprice de gros bonnets tout-puissants, tout cela n'a plus aucun sens : notre mariage, nos anniversaires, même notre amour.

– Qui sommes-nous ? a crié Brenda.

Et je l'ai regardée en songeant : *Comment ça, « nous » ?*

Puis je suis allé dans la cuisine et j'ai appelé en hurlant ma fille, Bonita, qui regardait la télé dans la salle de jeux à la cave. On aurait pu croire qu'à trente-sept ans, elle serait mariée et aurait un foyer et une famille bien à elle mais, dans son adolescence, elle était tombée amoureuse d'un surveillant de son lycée. Et l'on n'avait pas tardé à apprendre qu'elle était enceinte. Pour je ne sais quelle raison, le fœtus s'était logé dans ses boyaux et, pour faire court, ils ont dû tout lui enlever et l'ont ainsi stérilisée, ce qu'elle méritait, si vous voulez mon avis et celui de sa mère – un pion, bon sang de bois ! Oh, ils se sont bel et bien mariés, nous y avons veillé, mais, deux ans plus tard, leur union s'est achevée par un divorce. Son deuxième mariage s'est terminé de la même manière, et celui d'après aussi. Et voilà donc où elle en est aujourd'hui, pratiquement au milieu de sa vie et coincée chez ses parents.

– Bonita, ai-je crié. Monte !

Elle est paresseuse comme une couleuvre, ma fille, et le temps qu'elle s'arrache du divan et gravisse les sept marches jusqu'à la cuisine, j'étais prêt à m'occuper d'elle.

– Merde, papa, j'étais en plein…

Je lui ai tiré une balle dans la tête avant même qu'elle ait pu finir. Les fêtards de New York ont dénaturé mon mariage, alors il est logique que le fruit de cette union soit tout aussi dénué de sens. C'est une des rares conséquences positives qui en ont découlé.

Le bruit de la détonation a fait descendre Brenda de la chambre.

– Au nom du Tout-Puissant, qu'as-tu fait à notre fille ? s'est-elle exclamée.

Et je lui ai également tiré une balle dans la tête, ce que j'avais toujours voulu faire, chaque jour de ces trente-neuf dernières années.

Cela peut sembler inexcusable, mais si l'homosexualité n'est plus un péché, alors qui peut affirmer que le meurtre en est un ? Si ça fait du bien, allez-y – voilà ce que les législateurs de l'État semblent dire. Qui se soucie de ce que pensent les braves gens ?

Après avoir abattu ma femme et ma fille, j'ai attrapé un pic à glace et me suis dirigé vers le garage. Quelques années plus tôt, ma belle-mère – Nancy Anne, comme elle aime que je l'appelle – est tombée d'un arbre. Elle y avait grimpé pour récupérer son iguane, et une branche avait cédé. Lorsqu'elle avait repris conscience, elle se trouvait dans un lit d'hôpital, avec douze broches dans la hanche. Brenda avait insisté pour qu'elle vienne vivre avec nous mais, avec l'escalier, la circulation dans la maison aurait été trop pénible pour elle. Alors nous avions garé les voitures sur la pelouse et transformé le garage en appartement. Elle dispose d'un coin cuisine, d'une cabine de douche, de neuf mètres carrés.

On pourrait croire qu'elle en était réjouie, de pouvoir habiter ici gratuitement, mais tout ce que je l'ai jamais entendue dire, c'est que l'endroit est mal isolé et n'a pas de fenêtres.

– Vous avez accroché mes satanées photos sur la porte basculante et chaque fois qu'on l'ouvre, elles tombent, proteste-t-elle.

– Pourquoi ne les fixez-vous pas avec du scotch ? je rétorque.

Et elle répond :

– Je ne vais pas dépenser de l'argent durement gagné dans du scotch.

Comme si elle avait travaillé un seul jour de son existence ! Elle vit de sa pension alimentaire.

– Ohé, Nancy Anne ! ai-je appelé.

Puis j'ai dirigé la télécommande vers la porte basculante. Elle était en robe de chambre mais portait des collants en dessous – par cette chaleur ! Ses lunettes étaient posées sur la télé et elle a tendu la main vers elles en disant :

– Randolph ? Randolph, c'est vous ?

Bon sang, que c'était bon de reconquérir ce garage ! Après avoir traîné le lit de Nancy Anne dans le jardin de derrière, je suis revenu chercher son divan, puis sa chaise percée. J'ai entassé ses vêtements, ses coussins, tous ses bracelets en bois et ses postiches, et allumé un feu rugissant. Puis j'ai jeté son corps dans les flammes et garé mes voitures à leur place légitime. Ou ce que je pensais être leur place légitime. Car qui pouvait dire si, pendant que je tuais ma belle-mère avec un pic à glace et l'incinérais, un juge activiste ou des membres de l'assemblée législative de l'État n'avaient pas décidé que les voitures n'avaient plus rien à faire dans un garage, qu'elles devaient être installées dans les maisons et avoir du poulet aux repas comme n'importe quelle personne ? Vu que le monde était désormais sens dessus dessous, pourquoi n'aurais-je pas fait comme les homosexuels et vécu mes rêves ?

De retour dans la maison, j'ai dressé une liste. Tout ce que j'avais toujours voulu faire sans oser passer à l'acte parce que la société le voyait d'un mauvais œil :

1. Descendre ma femme.

Ça, je pouvais le barrer, de même que :

2. Régler le problème Bonita et
3. Enfoncer un pic à glace dans l'œil de Nancy Anne.

Ce que je devais faire ensuite :

4. Me laisser pousser une moustache comme celle de Sam le pirate.
5. Fabriquer une piñata, mais avec des documents importants et pas des journaux déchirés.
6. Manger à la Old Spaghetti Factory et partir sans payer.

Il y a d'autres choses que j'aimerais faire, mais je me suis dit que c'était déjà bien assez pour un début. Comme la Old Spaghetti Factory n'ouvrirait pas avant l'heure du déjeuner et que je ne pouvais rien faire pour accélérer la pousse de ma moustache, j'ai commencé par me rendre à la banque pour récupérer mes documents importants. Le certificat de mariage dans mon coffre-fort ne valait même plus le papier sur lequel il était imprimé, mais il restait mon certificat de naissance, mon contrat d'assurance-vie et ma carte de Sécurité sociale.

En route vers la First Federal, j'ai écouté une émission de libre antenne pour laquelle j'ai un faible, parce qu'elle donne la parole à des auditeurs aussi enragés que moi.

Lorsque j'ai allumé l'autoradio, une certaine Sherry s'exprimait :

– Si les gays peuvent aller à l'autel dans une église consacrée et échanger des vœux, qu'est-ce qui empêchera mon mari de divorcer de moi pour épouser une fillette de cinq ans ? Ou même un bébé, pendant qu'on y est ! Je ne dis pas que ça l'intéresse, mais j'imagine qu'il n'y aurait plus rien pour l'arrêter si c'était le cas !

L'intervenant suivant a dit se prénommer Steverino.

– Je me souviens que, dans mon enfance, on faisait toujours la même plaisanterie, a-t-il raconté. Un copain sortait un truc du genre : « J'aime bien cette pizza au pepperoni » et on répliquait : « Alors pourquoi tu ne te maries pas avec ? ». À cette époque, c'était juste une formule, mais je suppose qu'aujourd'hui, on pourrait vraiment épouser une pizza, pas vrai ? Tenez, un exemple : si le coiffeur de ma mère est libre de se marier avec son petit copain gay, pourquoi ne pourrais-je pas m'unir à un gros bout de pâte à pain aplatie couvert de fromage et de saucisse sèche ?

L'animateur de l'émission s'appelle Jimbo Barnes et nous sommes d'accord sur presque tous les sujets.

– Je ne vois pas la raison qui t'empêcherait de convoler en justes noces avec une pizza, a-t-il dit. Bon sang, si tu en as envie, tu pourrais même probablement épouser une mini-pizza, comme celles qu'on prépare avec des muffins anglais.

Steverino a rétorqué qu'il n'aimait pas vraiment les muffins anglais, et Jimbo lui a expliqué que c'était seulement un exemple.

– Des pizzas dont on ne fait qu'une bouchée ou qui mesurent quarante centimètres de diamètre, tout ce qui te chante ! C'est ce que disent les activistes de l'Assemblée législative de l'État…

Je n'avais jamais pensé à ça, *épouser un objet* : disons, mon réfrigérateur ou peut-être la tondeuse autoportée que j'emprunte parfois à mon voisin Pete Spaker… C'est une John Deere X304 – le modèle de luxe, avec transmission automatique, contrôle de la vitesse et quatre roues motrices. Peut-être devrais-je lui réemprunter et quand il me la réclamera, je lui dirai que nous nous sommes enfuis ensemble et, que la tondeuse est devenue ma femme et que, tant que nous n'aurons pas divorcé, elle vivra chez moi !

Bien sûr, d'ici là, ils auront certainement refermé toutes les portes. Ils auront mis sous clé tout ce qui pourrait profiter aux hétérosexuels traditionnels, surtout aux Blancs, surtout aux mâles blancs. Jimbo Barnes aborde souvent le sujet. Il nous surnomme « l'espèce en danger ». Peu importe que nous ayons fait de ce pays ce qu'il est aujourd'hui. Y penser m'a mis dans une telle colère que j'ai raté le virage qui mène à la banque. Du coup, j'ai été obligé de prendre une rue transversale et j'ai été bloqué par un bus scolaire. Il fallait s'y attendre !

Je sais qu'on n'est pas censé les doubler, mais c'étaient les vacances d'été pour les élèves normaux, aussi seuls se trouvaient à bord les cancres qui suivaient des cours de rattrapage – des crétins, en fait, comme l'avait été ma fille Bonita. Le bus s'est arrêté à un coin de rue et, au moment précis où je le contournais, ce gosse – sans aucun doute un gay – s'est jeté sous mes roues. Quelqu'un a noté ma plaque d'immatriculation quand j'ai redémarré en trombe, et voilà que je me retrouve en prison avec trois inculpations de meurtre au premier degré sur le dos ! Plus l'accident avec délit de fuite. Et tout ça parce que des législateurs haut placés et tout-puissants de l'État de New York se croient plus malins que nous ! Évidemment, si j'étais gay, ils me laisseraient probablement sortir, aussi ai-je essayé d'embrasser mon compagnon de cellule, un immigrant clandestin nommé Diego Rodriguez – vous imaginez ça ?

Et vous voulez que je vous dise, tant que vous fermez les yeux, ce n'est pas si terrible.

Comprendre les hiboux compréhensifs

Un jour vient-il dans la vie d'un homme où il finit par se dire en regardant autour de lui : « Il est temps que je fasse le tri dans tous ces hiboux » ? Je ne peux pas être le seul dans cette situation, n'est-ce pas ? Et bien sûr, il ne faut vexer personne. Vous gardez donc le hibou au crochet qui vous a été offert par l'une de vos petites sœurs, mais vous laissez tomber plus ou moins accidentellement le mug sur lequel est écrit : « Hibou'te-en-train ! » – d'abord, le type qui vous l'a envoyé ne vous connaissait manifestement pas. Un mug à message, vous imaginez ça ? Les serviettes à cocktail ornées de hiboux restent, parce que tout le monde a besoin de serviettes. Idem pour la bougie en forme de hibou. Le dessous-de-plat part à la boutique de charité, avec le hibou japonais de la taille d'une bobine de fil qui bat des paupières et hulule doucement quand on le branche sur son ordinateur.

Juste au moment où vous pensez avoir avancé, vous vous rappelez la boîte à tabac et le couvre-théière. Et puis les assiettes, les dessous de verre, les décorations de Noël. Tous avec des hiboux. Voilà ce qui se passe quand vous dites aux gens que vous aimez quelque chose. Pour ma sœur Amy, c'était les lapins. Lorsqu'elle a approché de la quarantaine, on lui en a donné un comme animal de compagnie et, avant qu'il ait eu le temps de grignoter son premier fil de téléphone, elle avait reçu des chaussons-lapins, des coussins-lapins, des bols-lapins, des aimants de réfrigérateur-lapins et toutes sortes de cadeaux en hommage au lapin. « Non mais je vous jure, le vivant me suffit », insistait-elle. Mais rien n'a pu arrêter le déluge de saloperies.

L'invasion d'Amy avait débuté par un lapin vivant alors que la nôtre, à Hugh et moi, a commencé à la fin des années 1990 grâce à une peinture décorative. À cette époque, nous vivions à New York et il louait ses services d'artiste peintre. Une de ses clientes venait d'acheter un appartement et, sur le haut plafond voûté de son entrée, elle voulait un ciel rempli d'oiseaux. Hugh a d'abord peint des fauvettes et des sturnelles, puis des cardinaux et des mésanges bleues pour leurs couleurs vives, et il se demandait s'il n'avait pas surchargé l'ensemble, lorsqu'elle a émis le souhait qu'il ajoute des hiboux. Dans la nature, cela n'aurait pas eu de sens : les hiboux et les oiseaux chanteurs n'ont pas les mêmes horaires de travail et, même si c'était le cas, ils ne seraient pas dans les meilleurs termes. Enfin, peu importait. C'était son plafond et, si elle voulait des urubus à tête rouge – ou, comme il l'a été plus tard décidé, des chauves-souris –, elle les aurait. Hugh avait juste besoin de modèles, aussi s'est-il rendu au muséum d'histoire naturelle, d'où il est revenu avec *Comprendre les hiboux*. Cela fait presque quinze ans que le livre est entré dans nos vies et il ne s'est jamais écoulé plus d'un mois sans que j'en parle.

– Tu sais, ai-je coutume de dire, il y a certains points que je n'arrive vraiment pas à saisir chez les oiseaux de proie nocturnes. Si seulement je pouvais trouver des explications quelque part…

– J'aimerais pouvoir t'aider, s'empresse alors d'intervenir Hugh, en ajoutant une seconde ou deux plus tard : Attends une minute… et pourquoi ne pas regarder dans… *Comprendre les hiboux* ?

Nous avons fait ce petit numéro un nombre incalculable de fois mais, à cette époque, vu que le livre sentait encore le neuf, que ses pages n'avaient pas encore jauni et que Hugh s'était *réellement* mis à étudier les hiboux, j'ai décidé d'essayer de lui trouver un spécimen empaillé. Ma recherche m'a conduit vers un tas de corbeaux. J'ai aussi déniché des faisans, des canards et des bébés autruches de trente centimètres de haut. Et débusqué une tête de dinde lyophilisée attachée à sa propre patte, mais malheureusement aucun hibou. C'est alors que j'ai appris qu'il était illégal d'en posséder aux États-Unis. Même si le rapace est mort d'une cause naturelle, d'une attaque d'apoplexie ou de vieillesse. Même s'il s'étouffe en avalant une souris ou s'il a reçu un coup de sabot fatal. Si un hibou percutait votre maison, se brisait le cou et atterrissait comme par magie sur votre seuil, vous n'auriez toujours pas le droit de le naturaliser, ni de conserver sa dépouille dans votre congélateur. Techniquement, il est même interdit de garder une de ses plumes – c'est dire à quel point ils sont protégés. J'ai été éclairé sur le sujet dans une boutique de taxidermie au cœur de Manhattan aujourd'hui disparue.

– Mais si vous êtes vraiment intéressé, m'a dit le vendeur à qui je m'étais adressé, j'ai un petit quelque chose auquel vous aurez sûrement envie de jeter un œil.

Il est allé dans l'arrière-boutique et en est revenu avec ce que je n'ai pu identifier que comme une *sorte de bête*.

– Ce que nous avons fait, s'est-il vanté, c'est donner à un poulet l'apparence d'un hibou.

– C'est en effet… quelque chose, ai-je dit en cherchant vainement un compliment.

La vérité, c'est que même un enfant ne se serait pas laissé tromper. Le bec semblait avoir été confectionné à partir d'une griffe d'ours… Sans parler des pattes au duvet défraîchi en guise de serres : non, *s'il vous plaît* ! C'est ce qu'une poule aurait porté à une soirée d'Halloween si on lui avait laissé dix minutes pour réunir les pièces d'un costume !

– Je vais réfléchir, ai-je dit.

Des années plus tard, nous avons déménagé à Paris où j'ai trouvé un paon blanc au bout d'une semaine. J'ai débusqué des cygnes, des cigognes et toutes sortes d'oiseaux marins, mais toujours pas de hiboux parce qu'il est interdit de les empailler en France. Au Royaume-Uni, en revanche, la situation est légèrement différente. On ne peut pas les tuer, certes. En vie, ils sont aussi protégés qu'aux États-Unis, mais lorsqu'ils sont bien morts, la pression se relâche un peu. La plupart des hiboux que j'ai vus en Grande-Bretagne avaient été naturalisés pendant l'ère victorienne. J'en ai repéré dans des marchés aux puces anglais et des magasins d'antiquités écossais, mais, comme cela se passe toujours dans ces cas-là, c'est quand vous décidez d'en acheter un qu'ils deviennent introuvables. Il m'en fallait un – enfin, c'est ce que je m'étais mis en tête – en février 2008. Hugh et moi avions quitté notre appartement et emménagé dans une maison à Kensington et, après avoir trié nos objets à thème de hibou et décidé que nous pouvions survivre sans les neuf dixièmes d'entre eux, j'ai pensé lui trouver le hibou idéal pour la Saint-Valentin. J'aurais dû commencer à chercher un mois ou deux avant, mais avec Noël, la préparation des cartons et ma participation à la mise en état de notre nouveau foyer, cela m'était sorti de l'esprit. Le 13 février, j'ai donc fini par appeler une boutique de taxidermiste et j'ai demandé s'ils avaient des hiboux. À l'autre bout de la ligne, mon interlocuteur m'a répondu qu'il en avait deux, des spécimens récents, sur pied, pas sous globe comme presque tous ceux qui étaient anciens. La boutique n'ouvrait que sur rendez-vous et, après en avoir fixé un le lendemain après-midi, j'ai rejoint Hugh dans la pièce voisine où il emballait des livres.

– Je vais t'offrir le plus beau de *tous* les cadeaux de la Saint-Valentin, lui ai-je annoncé.

C'est le genre de choses que je dis et regrette aussitôt. Comment l'autre est-il censé réagir ? Quel est le but recherché ? Depuis seize ans que nous étions en couple, je lui offrais des chocolats à la Saint-Valentin et lui une cartouche de cigarettes. Nous avions tous les deux ce que nous voulions, et tout était on ne peut plus simple. Et puis j'ai arrêté de fumer et j'ai décidé qu'en lieu et place des cigarettes, il me fallait une maquette anatomique de la gorge humaine du dix-huitième siècle. Elle était grandeur nature et mesurait environ dix centimètres de haut et, parce qu'elle était ancienne, faite à la main et démontable organe par organe, elle coûtait plutôt cher.

– Depuis quand le jour de la Saint-Valentin s'est transformé en *ça* ? a réagi Hugh quand je lui ai annoncé ce qu'il devrait m'acheter.

Que pouvais-je répondre ? Comme tout le reste, la valeur des cadeaux des fêtes ne cesse de grimper. Ils deviennent de plus en plus précieux, jusqu'au jour où vous vous rendez compte que vous n'avez plus besoin de rien et où vous vous mettez alors à faire des dons aux refuges d'animaux. Même si vous détestez les chiens et les chats, c'est *toujours* eux qui en profitent, pour une raison ou une autre.

– Un jour, nous célébrerons la Saint-Valentin en faisant stériliser quelques dizaines de chatons, ai-je dit. Mais, en attendant, *je veux cette gorge.*

Le jour de la Saint-Valentin, j'ai transporté quelques cartons de notre appartement à la maison que nous avions achetée. Elle faisait penser au genre d'endroit où Scrooge aurait pu vivre – une étroite bâtisse en brique, peu spacieuse et flanquée de tristes maisons qui lui ressemblaient comme des jumelles. De là, j'ai marché jusqu'au bout de la rue et pris le métro. La boutique du taxidermiste se situait dans une rue calme du nord de Londres et, tandis que j'en approchais, j'ai vu un homme et ses deux fils, le visage coincé entre les barreaux de la vitrine.

– Un ours polaire ! a crié l'un des garçons.

L'autre a tiré la veste de son père.

– Et un pingouin ! T'as vu le bébé pingouin ?

Mon cœur a fait un bond dans ma poitrine.

Le propriétaire du magasin était si grand que, pour le regarder dans les yeux, je devais pencher la tête complètement en arrière, comme chez le dentiste. Il avait des cheveux d'une épaisseur enviable et, lorsqu'il a ouvert la porte pour me faire entrer, j'ai remarqué un chaton orange posé sur le sol à côté d'un chiot dalmatien. Un lapin dressé sur ses pattes arrière projetait son ombre sur eux et, au-dessus de lui, sur une étagère, se trouvaient deux hulottes d'une quarantaine de centimètres de haut, chacune montée sur une souche. Il s'agissait de femelles, en parfait état, mais, pour être honnête, c'était une chouette effraie que je cherchais, celle avec une face blanche sinistre, comme une soucoupe volante avec des yeux.

– Nous en avons de temps à autre, mais elles sont rares, a dit le taxidermiste.

Au-dessus de sa tête était suspendu un énorme goéland, le bec ouvert, et à côté de lui, sur une table, se prélassaient deux hérissons.

J'avais déjà vu une plus grande variété de choix, mais il ne faisait aucun doute que l'homme connaissait son métier. Aucun des spécimens ne louchait ou n'exhibait de bouts de plâtre autour de la bouche. Si vous les aviez vus en photo, vous auriez juré que ces animaux étaient vivants et qu'ils s'étaient rassemblés pacifiquement pour se vanter de leur excellente santé. Le taxidermiste et moi avons discuté des hiboux et des chouettes et quand mes yeux sont tombés sur une vitrine renfermant plusieurs crânes usés, il m'a demandé si j'étais médecin.

– Moi ? (Pour je ne sais quelle raison, j'ai alors regardé mes mains.) Oh, mon Dieu, non.

– Alors votre intérêt pour ces crânes n'est pas professionnel ?

– Absolument.

Les yeux du taxidermiste se sont éclairés et il m'a conduit jusqu'à un squelette humain à moitié caché au fond de la pièce.

– Que pensez-vous que c'était ? a-t-il demandé.

Étant un profane, je ne pouvais me référer qu'à sa taille, entre un mètre quarante-cinq et un mètre cinquante.

– Un adolescent ?

Le taxidermiste m'a invité à retenter ma chance, mais avant que j'aie eu le temps de parler, il s'est exclamé :

– C'est un pygmée !

Puis il m'a raconté qu'au dix-neuvième siècle, les Anglais s'étaient aventurés dans ce qui est aujourd'hui le Congo et avaient chassé des pygmées, les pistant et les tirant comme du gibier.

Curieux comme cela a brusquement plombé la conversation.

– Mais il a très bien pu mourir d'une attaque cardiaque, non ? ai-je fait observer. Après tout, comment pouvons-nous être sûrs qu'il a été assassiné ?

– Oh, nous en sommes plus que sûrs, a répliqué le taxidermiste.

Voir dans un musée le squelette d'un pygmée massacré aurait déjà été dérangeant, mais en trouver un en vente dans une boutique soulevait des questions, des questions gênantes, comme : *Combien coûte-t-il ?*

– Si vous aimez les bizarreries en pièces détachées, je pense avoir quelque chose qui pourrait vous plaire.

Le taxidermiste est passé derrière son bureau et a récupéré un sac plastique sur une étagère au-dessus de sa tête. Il venait de chez Waitrose, ai-je remarqué, une enseigne de supermarché que l'on m'avait décrite comme « un cran au-dessus » à mon arrivée en Angleterre. Du sac, il a extrait ce qui ressemblait à un plateau surmonté d'un dôme en verre de forme oblongue. À l'intérieur se trouvait l'avant-bras d'un homme avec des petits poils et un tatouage à moitié effacé. Le taxidermiste a alors déclaré, sans la moindre nécessité :

– C'est un bras qui a toute une histoire…

Car quel membre humain dans un sac Waitrose n'est *pas* associé à une sorte d'histoire ?

Il a mis le plateau sur la table, a soulevé le couvercle et, tout en le posant sur le côté, m'a raconté qu'il y a un siècle, son grand-père avait été témoin d'une bagarre entre deux matelots dans un bar. L'un était armé d'un sabre et l'autre avait apparemment perdu un bras. Après cela, la foule était devenue dingue. L'amputé était tombé sur le dos et pendant qu'il gisait là, en état de choc, se vidant de son sang, le grand-père du taxidermiste avait observé les doigts ensanglantés sur le sol, au cas où ils auraient encore eu un tressaillement, puis il avait sans doute pensé : *Bah, il ne lui servira plus à grand-chose maintenant.*

L'histoire paraissait un peu tirée par les cheveux, mais on ne pouvait nier la réalité du bras. Le coup avait été porté à cinq centimètres au-dessous du coude et, la partie interne, avec son radius et son cubitus bien tranchés, m'a rappelé un osso bucco.

– Mon grand-père l'a momifié lui-même, a précisé le taxidermiste. Certes, le boulot n'est pas parfait, mais c'était plutôt bien pour une première tentative.

Je me suis penché pour l'examiner de plus près.

– Touchez-le, a chuchoté le taxidermiste.

Comme ensorcelé, j'ai obéi, et j'ai frémi en sentant les poils. La couleur du bras m'a aussi donné la chair de poule : ce n'était pas le blanc des Européens, ni le brun de la plupart des parties de corps desséchées. C'était la teinte légèrement dorée d'un autobronzant.

– Je crois que je vais me contenter d'une de ces chouettes, ai-je dit. Celle de gauche, si ça ne vous dérange pas.

Le taxidermiste a hoché la tête. Puis il a tendu le bras vers une étagère encore plus haute et en a descendu un autre sac de supermarché, d'une enseigne incontestablement moins classe, Tesco.

– Bon, une odeur va vous frapper quand je vais l'ouvrir, mais pas d'inquiétude, m'a-t-il averti. C'est juste la fumée qu'ils ont utilisée pour conserver la tête.

C'est le genre de phrase que l'on n'entend pas si souvent, aussi lui a-t-il fallu un certain temps pour faire son chemin jusqu'à moi. Lorsque le taxidermiste a ouvert le sac, je me suis rendu compte qu'il aurait mieux fait de préciser : « la tête de l'adolescente », car elle ne devait pas avoir plus de quatorze ans au moment de sa mort. Cela peut sembler d'un macabre de première catégorie, mais je suggère de déclasser cette pièce en macabre de deuxième catégorie. La tête avait quatre cents ans et venait d'Amérique du Sud – je crois qu'il a mentionné le Pérou. La peau était fine et sèche, comme le cuir d'un vieux porte-monnaie tout usé. Des parties avaient été rongées, exhibant le crâne en dessous, mais ce sont ses cheveux qui m'ont réellement impressionné : ils étaient lisses et noirs, divisés en nattes longues et délicatement tressées.

Je n'ai pas demandé le prix mais j'ai déclaré d'une voix un peu plus énergique :

– Je crois que la chouette suffira pour aujourd'hui ! C'est un cadeau de Saint-Valentin, parfait pour notre nouveau nid ! Une maison, en fait – pas de cave, mais trois étages...

Je ne cherchais pas à me vanter. Je voulais juste qu'il sache que j'étais aimé et que je vivais au-dessus de la surface du sol.

Quelques minutes plus tard, je suis retourné dans le métro avec la chouette bien calée dans une grande boîte en carton. Normalement j'aurais dû être aux anges : j'avais décidé de trouver le cadeau parfait pour Hugh et, nom d'un chien, j'avais réussi ! Au lieu de cela, je me sentais désarçonné, moins par les choses que je venais de voir que par le taxidermiste lui-même. Que les gens qui ne vous connaissent pas se méprennent sur votre compte, c'est somme toute banal.

– Voulez-vous essayer Belliqueux, le nouveau parfum pour hommes ? m'a-t-on demandé un jour dans un grand magasin.

Et je me suis dit : *Vraiment ? Ai-je l'air d'un type qui se met de l'eau de Cologne ?*

Les standardistes d'hôtel m'appellent si souvent « Madame Sedaris » que je ne prends même plus la peine de les corriger. On m'a confondu avec un parent, un pickpocket et même – Dieu m'en préserve – un propriétaire de SUV, et j'ai toujours été capable de n'y prêter aucune attention. Ce qui est vraiment rare, c'est qu'on ne se trompe pas sur vous. Le taxidermiste m'avait percé à jour en moins de temps qu'il ne m'en avait fallu pour m'essuyer les pieds sur son paillasson et, sans le moindre effort, il avait sondé mon âme et m'avait identifié comme la personne que je suis en réalité : le genre de type qui aimerait bien avoir un pygmée et pourrait facilement passer par-dessus le fait qu'il a servi de cible à un chasseur : *Bah, c'était il y a longtemps !* se dirait-il gaiement. Pire encore, je l'exhiberais, dans l'espoir d'en faire un attribut de mon personnage, à la manière d'un propriétaire de Porsche.

– Il paraît qu'il possède un pygmée, murmureraient mes voisins en me croisant dans la rue. Il l'a accroché dans un coin de son salon, paraît-il, bien en évidence, juste à côté du mousquet avec lequel il a été tué.

J'adorerais qu'on parle ainsi de moi, mais comment le taxidermiste était-il au courant ? Un tas de gens doivent entrer dans sa boutique, demander un chaton, un goéland, ou n'importe quoi d'autre, et en ressortir cinq minutes plus tard sans rien savoir des parties humaines. Pourquoi m'avoir montré à moi la tête dans un sac de supermarché ? Quant au bras, comment cet homme s'était-il rendu compte que je brûlais d'envie de le toucher ? Je n'avais rien dit pour lui mettre la puce à l'oreille, alors qu'est-ce qui m'avait trahi ?

À la station de métro, j'ai franchi le portillon et attendu sur le quai le passage d'une rame. La chouette n'était pas lourde – en fait elle était même étonnamment légère –, mais la boîte était encombrante, aussi ai-je été ravi de trouver une place libre. À la station suivante, une adolescente en uniforme scolaire est montée et s'est installée sur le siège en face de moi. Se retrouver aujourd'hui face à une gosse comme elle, et penser à sa tête dans un sac en plastique, derrière le comptoir d'une boutique, pourrait ne pas être aussi embarrassant que ça, à première vue. C'est vrai, quoi, certaines la ramènent un peu trop ! D'un autre côté, il ne faudrait pas que ce soit *n'importe quelle* ado de cet âge. Celle que le taxidermiste m'avait montrée, par exemple, quelle avait été *son* histoire ?

Les filles de quatorze ans existaient il y a quatre siècles, mais les adolescentes, avec leur angoisse existentielle, leur esprit de rébellion, leur rage, leur Ritaline et leur version attitrée du magazine *Vogue* sont une création plutôt récente. Au dix-septième siècle, dans la jungle péruvienne, une gamine de cet âge avait déjà des bébés. Elle avait probablement déjà vécu la moitié de sa vie et encore, si elle avait de la chance. Sa tête décapitée avait été préservée et elle se retrouvait dans un sac Tesco à près de dix mille kilomètres de là : c'était ça le plus terrible ! Tesco ! Au moins le bras était dans un sac Waitrose.

Cela m'embêtait d'avoir été plus gêné par le sac que par la tête, mais que pouvais-je y faire ? On ne choisit pas consciemment les objets de notre attention. Ce sont eux qui nous choisissent et une fois que c'est fait, il semble qu'on ne puisse plus rien y changer. Trouvez quelqu'un avec la même approche que vous, et le shopping de Noël devient une joie. J'arrive toujours à repérer des choses pour mes sœurs Gretchen et Amy. Si nous traversons une foule ensemble, nous nous arrêterons tous les trois sur la même personne, celle à qui il manque un doigt, ou qui a une oreille normale et une autre beaucoup plus petite, alors que ma sœur Lisa choisirait un individu complètement différent.

Hugh et moi ne remarquons pas non plus les mêmes trucs. C'est ce qui explique qu'il est avec moi. Tout ce que le taxidermiste a vu est invisible pour lui : ma superficialité, ma fascination juvénile pour l'anormal, ma volonté d'accepter et parfois même de célébrer le mal – faites-le-lui observer et il dira :

– David ? *Mon* David ? Oh, non. Il n'est pas comme ça du tout.

Quelqu'un d'aussi à côté de la plaque mérite une chouette effraie *et* des chocolats, et je suis donc descendu à Piccadilly Circus pour lui en acheter une boîte. Puis j'ai pris un bus et suis rentré en vitesse, en pensant à l'amour, à la mort et à cette gorge, si élégante dans ses détails, qui devait sans nul doute m'attendre à la maison.

Plus que deux

– Je dois aller en Chine, ai-je annoncé aux gens, comme j'aurais pu leur dire : « J'ai besoin de faire isoler mon vide sanitaire » ou « Il faut que je fasse examiner ces grains de beauté ».

Enfin, c'est comme ça que je le ressentais. Comme une corvée. C'était la nourriture qui m'avait rebuté à l'origine. J'en aurais mangé si l'alternative avait été de mourir de faim, mais elle ne m'avait jamais fait envie, pas même à l'époque où elle me semblait exotique. J'avais une vingtaine d'années lorsqu'un restaurant chinois avait ouvert à Raleigh. Il s'était installé dans un bâtiment neuf, censé avoir vaguement l'air d'un temple, et ma mère ne pouvait plus s'en passer.

– Et si on allait manger chinois ?

Je pense qu'elle aimait l'idée que les recettes ne soient pas à sa portée. Tout le monde pouvait faire chez soi les pommes de terre au four cuites deux fois du Peddler, ou le veau parmesan de la Villa Capri, mais il n'y avait aucune chance qu'une personne non chinoise sache préparer du porc moo shu, quelle qu'ait été sa formation en cuisine.

– Et les pâtés impériaux, tu imagines ? disait-elle.

Le restaurant ne possédait pas de licence de débit de boissons, toutefois on y tolérait le sac en papier. Aussi débarquions-nous avec notre litre de bon bourgogne. Je demandais toujours à ma mère de choisir pour moi, mais lorsque le poulet impérial nous était servi, je ne me réjouissais jamais comme au grill-room ou à la Villa Capri. Et ce n'était pas dû spécifiquement à la cuisine chinoise de Raleigh. Celles de Chicago et, plus tard, de New York, des villes avec un authentique quartier chinois, m'avaient également laissé froid.

Tout le monde m'a juré que la nourriture à Pékin et à Chengdu était différente de celle que j'avais connue aux États-Unis. « C'est plus réel », m'a-t-on dit, ce qui signifiait, est-il apparu, qu'elle pourrait me déplaire avec plus d'authenticité.

Ce qui n'a rien arrangé, me semble-t-il, c'est qu'avant de débarquer en Chine, Hugh et moi avons passé une semaine à Tokyo où – comme toujours – nous avons eu droit à des plats sublimes, aussi délicats que soigneusement présentés. Pendant les repas, j'ai bu du thé, ce qui m'amène à un autre point fort du Japon : les toilettes. Lorsque j'étais plus jeune, cela n'aurait pas compté autant. Depuis, j'ai eu cinquante ans et découvert que je devais uriner tout le temps. À Tokyo, toutes les stations de métro sont équipées de toilettes pour hommes gratuites. Les sols et les lavabos sont d'une propreté agressive et, à côté de chaque urinoir, se trouve une patère pour accrocher son parapluie.

Voilà à quoi je m'étais habitué quand nous avons pris un avion à Narita à destination de Pékin, où la première chose que l'on remarque, c'est un bruit qui ressemble à celui d'un mousseur à lait, le genre qu'on utilise dans les cafés pour préparer les latte et les cappuccinos. *C'est curieux,* songez-vous. *Il y a un café dans l'ascenseur du parking ?* Ce que vous entendez, cet incessant sifflement guttural, est le son que des individus, les uns après les autres, produisent en raclant le mucus des profondeurs de leur âme, semble-t-il. D'abord, vous les regardez en vous demandant : *Où allez-vous vous débarrasser de tout ça ?* Puis, vous vous rendez compte que la bonne question est : *Où n'allez-vous pas vous en débarrasser ?*

J'ai vu des petits tas de mucus luire comme des huîtres fraîchement ouvertes dans les escaliers et les escalators. J'en ai vu se figer en nappes glissantes sur les trottoirs et dégouliner sur les murs. Quand les gens ne crachaient pas, on avait souvent l'impression qu'ils toussaient sans se couvrir la bouche ou expulsaient la morve de leur nez. Pour ce faire, ils bouchaient l'une de leurs narines et se servaient de l'autre comme d'un évent.

– Nous autres, Chinois, pensons qu'il ne faut pas garder *ça*, m'a expliqué une femme lors d'un dîner.

Elle a ajouté que, selon elle, il était plus dégoûtant d'utiliser un mouchoir et de le remettre dans sa poche, comme le font les Occidentaux.

– Oh, ce n'est pas pour des raisons sentimentales, lui ai-je dit. Nous ne conservons pas notre morve pour toujours. Le mouchoir a une fonction essentiellement hygiénique.

Une autre chose que l'on remarque en Chine, ce sont les excréments. *Oh, par pitié*, êtes-vous probablement en train de vous dire. *Il le faut vraiment ?*

À cela, je réponds : « Oui, absolument. » Car s'ils n'infectent pas la nourriture elle-même, ils affectent ma manière d'y penser. Une fois, à Tokyo, j'ai aperçu un chien qui se soulageait dans la rue. Après quoi, son maître a fouillé dans un sac, en a sorti une bouteille d'eau et a rincé l'urine sur le trottoir. Quant aux crottes, je n'en ai jamais vu la moindre trace. À Pékin, on tombe sur une quantité écrasante de merde. Si une partie peut être mise sur le compte des animaux de compagnie, l'immense majorité provient des hommes. Les bébés chinois ne portent pas de couches mais d'étranges petites culottes avec une fente à l'arrière. Quand un enfant a un besoin pressant, ses parents le dirigent vers le bord du trottoir ou, s'ils sont à l'intérieur d'un bâtiment, vers un endroit qu'ils voient comme un bord de trottoir.

– Le mois dernier, j'ai vu un gosse chier dans le rayon des produits frais du Walmart, à Chengdu, m'a confié une jeune femme prénommée Bridget.

C'était le septième jour de mon séjour, et j'étais déjà si insensibilisé que ma première réaction a été :

– Vous avez un Walmart ?

En Chine, il y a les étrons sauvages du dehors, et puis il y a ceux qu'on trouve dans les toilettes publiques qui, pour la plupart, sont des modèles à la turque – des trous au niveau du sol, en fait. Et ces toilettes, mon Dieu… Même la plus misérable station-service américaine ne pourrait pas s'aligner. Dans les W-C pour hommes d'une station de métro de Pékin, j'ai vu un homme passer devant l'urinoir, soulever son fils de trois ans et lui dire de faire pipi dans le lavabo – dans lequel on était censé se laver les mains.

Mon voyage m'a rappelé que nous ne sommes que des animaux, que des trucs nous sortent par tous les orifices, peu importe où nous vivons, peu importe la quantité d'argent que nous possédons. À un certain degré, nous en avons conscience et réussissons, plutôt plaisamment, à enfouir cette vérité tout au fond de notre esprit. En Chine, elle remonte à la surface et vous ne pouvez pas y échapper. La caissière du supermarché vous rend votre monnaie et vous la prenez en songeant : *Cette femme s'accroupit et crache par terre en déféquant et en expulsant la morve de son nez.* Vous y pensez aussi au contact du chauffeur de taxi, du contrôleur de billets, et de tous ceux qui cuisinent ou vous servent au restaurant. Ce qui me ramène à la nourriture…

Si l'on ajoutait une pincée de fèces humaines à mes œufs brouillés, je ne serais peut-être pas capable de le détecter, mais sans doute m'apercevrais-je que ces œufs-là n'ont pas le même goût que ceux que j'avais mangés la veille. Cela dit, il s'agit d'un plat qui m'est familier. Or pas grand-chose ne m'était familier en

Chine. Pas de porc lo mein ni de poulet impérial kung pao, et encore moins de rouleaux de printemps. Lors de notre première soirée à Chengdu, nous nous sommes joints à un groupe de quatre personnes pour le dîner – une Chinoise et trois Occidentaux. Le restaurant n'était pas très chic mais, de toute évidence, il était populaire. Imbriqué dans notre table se trouvait un chaudron rempli d'un liquide bouillonnant : nous étions censés y verser les accompagnements de nos plats pour les y faire cuire.

– J'ai pris la liberté de nous commander du tofu, des champignons et des langues de canard, a dit la femme occidentale assise en face de moi. Si vous me faites confiance, je peux continuer à commander, mais peut-être aimeriez-vous quelque chose en particulier ?

Je l'ai regardée en pensant : Quelle salope ! Catherine était anglaise et vivait en Chine depuis près de vingt ans. Je me suis dit que les langues de canard constituaient une sorte d'examen de passage, aussi ai-je mis un point d'honneur à paraître imperturbable. Intéressé, même.

Quand j'ai fini par devoir en manger une, je me suis aperçu que ce n'était pas si mauvais. Le seul aspect déconcertant était la forme, notamment la base, d'où pendaient des racines tentaculaires. Cela vous rappelait que les langues n'étaient pas coupées mais arrachées, sans doute avec des pinces. Bien sûr, le canard était probablement mort à ce moment-là, n'est-ce pas ? Ce n'est pas comme s'ils lui arrachaient la langue et le laissaient filer, traumatisé, réduit au silence mais à peu près intact.

Alors que je mangeais ma seconde langue de canard, l'homme assis à la table voisine s'est raclé bruyamment la gorge et a craché un gros mollard visqueux par terre.

– Je crois que je vais m'arrêter là, ai-je dit.

Le lendemain matin, en compagnie d'un autre groupe, Hugh et moi sommes allés faire un tour dans la montagne d'où est originaire le thé. C'était la fin janvier et nous sommes passés devant un nombre incalculable d'usines pendant les deux heures de route. De la fumée couleur moutarde dérivait dans le ciel, et les rivières que nous voyions semblaient épaissies par les rejets chimiques et les ordures. Puis nous avons atteint l'étage neigeux, ce qui a amélioré la situation sur le plan visuel mais compliqué notre progression. Lorsque nous sommes revenus de la montagne, il était déjà presque trois heures. La plupart des restaurants ne servaient plus après l'heure du déjeuner, aussi avons-nous fait halte dans un établissement que l'on appelle « Bonheur de la famille fermière ». Il s'agit d'une ferme dont les habitants, s'ils sont d'humeur, peuvent vous préparer et vous servir à manger.

Un des membres de notre groupe était né à Chengdu, et parmi les cinq Américains, Hugh et moi étions les seuls à ne pas parler mandarin. Aussi sommes-nous restés en retrait lorsqu'ils ont négocié avec la fermière qui portait une frange au-dessus de son joli visage carré. Nous avons mangé dans ce qui était d'habitude un salon de mah-jong, une grande pièce surplombant le champ de thé familial. Deux télévisions fixées à un mur, chacune réglée sur une chaîne différente, diffusaient bruyamment leurs images pour personne. Sur le mur d'en face étaient indiqués le niveau d'hygiène – C – et celui de la qualité du service, symbolisé par un smiley au sourire inversé.

Autant que j'aie pu en juger, il n'y avait pas de menu. À vrai dire, la famille faisait comme bon lui semblait, avec ce qu'ils avaient sous la main et de saison. Un coq paradait dans la cour et, un moment plus tard, il n'y était plus. Après que le chef lui eut tranché la gorge, il en a fait la base de cinq plats séparés, dont l'un consistait en un morne potage d'où émergeaient deux pattes, comme des pinces à salade à l'envers. Le reste était encore moins identifiable.

Je suis habitué aux pièces de boucherie classiques : la cuisse, le blanc, etc. Au Bonheur de la famille fermière, plutôt que de le découper, le cuisinier taillait le coq en pièces, à l'aveuglette, comme s'il était très en colère contre les oiseaux. Des parties étaient réduites en miettes, surtout des os, auxquels restait collé parfois un petit bout de chair. Puis elles étaient mélangées à du chou avec une sorte de sauce relevée.

Un autre plat était entièrement composé d'organes qui avaient également été hachés, jusqu'à en être méconnaissables. Il y avait là le cœur, les poumons, probablement la crête et les intestins aussi. J'ignore pourquoi cela me dégoûtait tant. Si j'étais végétarien, d'accord, mais si on mange de la viande, pourquoi poser ces limites arbitraires ? « Je veux bien manger le truc qui filtre les toxines, mais pas celui sur la tête qui ne sert à rien. » Et pourquoi accepter de manger *cet* animal plutôt qu'un autre ?

Je me suis souvenu d'avoir lu, quelques années plus tôt, qu'un restaurant de la province de Guangdong avait été assiégé par des manifestants, puis fermé pour la simple raison qu'il servait du chat. L'endroit s'appelait Aux boulettes de chat de Fangji, ce qui n'était pas exactement cacher la vérité. Si vous alliez chez Fangji, vous saviez très bien à quoi vous attendre. Mon problème avec les boulettes de chat tient moins au fait que j'ai possédé et aimé plusieurs chats, mais à ce que je m'efforce de ne pas manger les bêtes qui mangent d'autres bêtes. Comme la plupart des Occidentaux, j'ai tendance à préférer les herbivores et les granivores : les vaches, les volailles, les moutons, etc. Les porcs mangent de la viande – un cochon mangerait avec délectation un humain –, mais la plupart de ceux que nous fréquentons sont nourris au maïs enrichi d'horribles produits chimiques plutôt qu'à la chair humaine ou à celle de leurs congénères.

Il convient aussi d'établir des distinctions entre les brouteurs. Les gens qui aiment l'agneau ou le bœuf, du moins en Amérique du Nord, ne vont généralement pas jusqu'à manger du cheval, pourtant délicieux selon moi. Je n'en ai jamais dégusté de meilleur que dans un restaurant d'Anvers, une ancienne écurie baptisée, assez astucieusement, L'Écurie. Chez Fangji, Hugh était juste à côté de moi et, bien qu'il eût mangé la même chose que moi, il a pratiquement pleuré quand une personne nous a dit qu'elle avait consommé des hippocampes.

– Oh, les pauvres petites bêtes, a-t-il soupiré. Comment avez-vous pu ?

– Hein ? ai-je fait.

C'est comme manger régulièrement du poulet et refuser de toucher aux cocottes en chocolat qu'on vend à Pâques au nom de principes moraux.

– Un cheval de mer n'a rien à voir avec un vrai cheval, ai-je objecté. C'est un poisson et tu manges tout le temps du poisson. Tu n'en veux pas à cause de leur forme ?

Il a répondu qu'il n'en voulait pas parce qu'ils avaient l'air sympathiques et ne faisaient de mal à personne. Ceci par opposition à ces agneaux sournois et assoiffés de sang dont les cuisses sont régulièrement rôties avec du romarin et des pommes de terre nouvelles.

Nous étions supposés nous partager les plats qui nous étaient servis au Bonheur de la famille fermière, et lorsque la jolie femme au visage carré les a déposés sur la table, l'homme assis en face de moi a pris un air réjoui et a tendu la main vers ses baguettes.

– Vous savez, a-t-il déclaré, ce pays a sans doute ses défauts, mais il est virtuellement impossible d'y faire un mauvais repas.

Je n'ai rien dit.

Un autre plat auquel nous avons eu droit ce jour-là s'est révélé être du sang de coq. Je pensais que ce serait liquide, comme du jus de légumes, mais une fois cuit, il se coagule en petits blocs qui ont la consistance du tofu.

– Pas mal, a dit la fille assise à côté de moi, et je l'ai regardée en enfourner un bout dans sa bouche.

Jill était une Américaine venue enseigner l'anglais à Chengdu comme volontaire du Corps de la Paix.

– L'année dernière, en Thaïlande, j'ai mangé de la face de chien, m'a-t-elle confié.

– Simplement la face ?

– Oui, enfin la tête et la face.

À cette époque, elle se trouvait dans un village et faisait partie d'une équipe ramenant des petites filles enlevées à leurs parents. Pour leur montrer leur gratitude, les gens du coin avaient préparé un festin. Le chien était considéré comme bon à manger, et la tête censée constituer le morceau de choix. Plutôt que d'offenser ses hôtes, Jill en avait pris.

Ceci est mal vu par beaucoup, mais le reste du monde n'est pas comme l'Amérique où il est devenu pratiquement impossible d'organiser un dîner. Une personne ne mange pas de viande, une autre est intolérante au lactose ou au gluten. Il y a des végétariens qui mangent du poisson et d'autres qui n'y touchent pas. Et puis il y a les véganes, les adeptes du régime macrobiotique et un nouveau groupe, les flexitariens, qui mangent de la viande s'ils ne sont pas trop observés. Pensez-y et vous admettrez qu'il est vraiment rafraîchissant qu'une jeune femme de vingt-deux ans, originaire de la banlieue de Detroit, s'empare de ses baguettes et s'efforce de goûter à du shar-pei.

J'aimerais être davantage comme Jill mais, en Chine, quelque chose m'a retenu. Au Japon, si propre et raffiné, le sang de coq, présenté sur une assiette artisanale, entre un parfait tempura de pois mange-tout et un radis taillé en forme de fœtus de trois mois, aurait semblé une bonne idée.

– Nous devrions essayer de faire ça à la maison, aurais-je dit à Hugh.

Ici, cependant, j'ai pensé au niveau d'hygiène, au coq picorant des vers au milieu d'excréments humains avant d'être mis à mort. En Chine, la plupart des restaurants sentaient mauvais, même si ce qui offensait mes narines était probablement un ingrédient auquel je n'étais pas habitué, sans compter que je laissais les choses que j'avais vues plus tôt dans la journée – les crachats, les éjections de morve, etc. – combler les vides de mon imagination.

Mais là encore, peut-être pas.

Pendant notre séjour, nous avons mangé dans des établissements ordinaires, de tous les jours, et il nous est aussi arrivé d'acheter de la nourriture dans la rue. Nous n'avons fait qu'un repas coûteux, à Pékin, où nous nous sommes rendus seuls dans un restaurant de luxe recommandé par une connaissance. Il se situait dans un vieil entrepôt et avait été somptueusement décoré. On y trouvait un sommelier et un employé dont le travail consistait à passer toutes les trois minutes vous remplir votre verre d'eau. Nous avons mangé du canard pékinois, découpé de manière experte et non taillé en pièces, et servi avec des petites crêpes. Vers la fin du repas, je suis passé aux toilettes et là, dans la cuvette de style occidental, flottait un étron en voie de désintégration, un petit rappel qui semblait me dire : « Tu vois, tu es toujours en Chine. »

De retour à table, j'ai demandé l'addition. Puis je me suis souvenu de l'endroit où j'étais et j'ai demandé la note. En France, on peut mourir de vieillesse en attendant de payer son repas, ce que je n'ai jamais compris. Pourquoi ne veulent-ils pas que je parte ? me dis-je alors. Dix minutes peuvent ainsi s'écouler, puis vingt, tandis que je regarde le serveur faire tout sauf encaisser mon satané fric.

Au crédit de la Chine, il faut quand même mettre ceci : proposez de régler et, avant que vous ayez eu le temps de poignarder un coq avec un tournevis rouillé, quelqu'un vient s'occuper de vous. Je suppose qu'ils veulent se faire payer avant qu'on tombe malade mais, quelle que soit la raison, vous vous retrouvez dans la rue en deux ou trois minutes et il ne vous reste plus qu'à repérer l'horizon brouillé en vous demandant d'où viendra votre prochain repas.

Liberté de soin
et pourquoi je veux qu'on me rende mon pays

Chers concitoyens et concitoyennes patriotes,

Comme beaucoup d'entre vous, j'avais d'abord prévu de porter une pancarte. Sur celle que j'avais préparée figurait un sorcier avec le visage de… – ça me tue de le dire – notre *président*, avec un os dans le nez et ces espèces de peintures africaines sur ses joues. Dessous j'avais écrit : « Voleur islamo-indonésien, ne touche pas à mon assurance-santé, espèce de coco kenyan tueur de bébés et de grands-mères. » Je trouvais qu'elle en jetait, mais je l'ai montrée à mon fils Todd. C'est l'artiste de la famille.

– Tu sais, m'man, m'a-t-il dit. C'est un peu… chargé.

On en est venus à parler de mes sujets d'inquiétude, et vu que j'en avais tellement, il a suggéré que je choisisse l'option tract. Aux dernières nouvelles, notre damné droit à ronéotyper ne nous a pas été retiré – le président Obama nous a au moins laissé ça ! – et Todd m'a assuré que cela marcherait aussi bien qu'une pancarte de manifestation.

– Le truc, m'man, c'est d'en distribuer au plus de monde possible.

Puis il m'a donné le tee-shirt que je porte maintenant : je l'ai déplié et l'ai tenu devant moi.

– Complètement… *digue* ? ai-je lu à haute voix.

– Exactement ! a répliqué Todd. Une *digue*, c'est quelqu'un qui retient la marée montante du communisme.

Et ça me résume plutôt bien !

– Ajoutons « et fière de l'être », ai-je dit.

J'ai sorti les lettres thermocollantes et *voilà* !

Il a tellement changé, mon garçon. À la fac, il n'y avait pas plus libéral – c'était : « À bas Bush ! » et « Satan/Cheney 2008[1] ! » à tout bout de champ. Voilà à quoi servent les universités de nos jours : au lavage de cerveaux !

– Va voir le monde réel et tu comprendras ! lui conseillais-je. Paie tes impôts une fois dans ta vie et toi aussi, tu deviendras enragé !

Et c'est précisément ce qui s'est passé. Après avoir décroché un diplôme inutile en histoire de la danse, Todd a trouvé un boulot dans notre université communautaire locale, au service des admissions, et quand il s'est rendu compte que l'Oncle Sam se taillait la part du lion dans son salaire, il a viré de bord – ça, on peut le dire ! Idem pour son colocataire, Miles. Ces deux-là se sont rencontrés à la fac et ils s'entendent comme larrons en foire. Miles, ça m'arrive de l'appeler « l'Ombre », pas parce qu'il est noir, ce qui est le cas, mais parce que lui et mon fils sont toujours collés l'un à l'autre. D'ailleurs, c'est lui qui photocopie ces tracts pour moi.

Miles et Todd sont tous les deux des habitués des manifestations, cela remonte à l'époque où ils suivaient une mauvaise pente à la fac, mais comme mon fils l'a dit :

– Manifester, c'est marcher, m'man, et que tu sois pour ou contre la torture, tu vas devoir boire beaucoup d'eau. C'est la règle numéro 1 : rester hydraté ! Tu vas aussi avoir besoin de bonnes chaussures confortables et d'un chapeau pour protéger ton visage du soleil.

1. Dick Cheney, vice-président de George W. Bush, a été surnommé le Dark Vador de la politique américaine.

J'ai récupéré un sombrero et ai suspendu des sachets de thé sur ses bords, mais Todd a dit que cela brouillait mon message et pouvait laisser croire que je soutenais l'immigration clandestine – ce qui n'est pas le cas ! Il m'a conseillé de porter une de ces choses coniques qu'il appelle un hennin, bien que cela ressemble davantage à un bonnet d'âne.

– M'man, un peu de classe, s'il te plaît ! a-t-il protesté.

– Mais comment va-t-il protéger mon visage du soleil ? ai-je demandé.

Alors il a ajouté une visière. Quant à ce qui est écrit dessus, de haut en bas, on pourrait croire que c'est MABOULE alors que c'est M.A.B.O.U.L.E. pour :

Mamans
Américaines
Bazardons
Obama
Unanimement
Légitimement
Énergiquement

Cela peut sembler dur, mais c'est ainsi que je ressens les choses. Ses dents, sa famille, les clés de sa voiture, je veux que cet homme n'ait plus rien, tout comme il aimerait ne rien nous laisser. Mon seul souci, c'est que ce ne soit pas clair et que les gens pensent que la maboule, c'est moi.

– Pas du tout, m'a affirmé mon fils, c'est un acronyme très banal, comme la CPAC[1], et tout le monde comprendra ce que ça veut dire.

1. Conservative Political Action Conference, grand rendez-vous politique des conservateurs américains.

Et me voici donc avec mon tee-shirt *Complètement digue et fière de l'être*. J'ai mon chapeau pointu et je tiens à déclarer que je suis folle de colère et que je veux qu'on me rende mon pays. Je réclame un président né en Amérique, pas en Afrique, et je refuse qu'un « jury de la mort[1] » me dise si j'ai le droit de vivre. Et puis il y a toutes ces histoires d'impôts qui me font bouillir le sang. On en est au point où, si je gagne au loto, je devrai verser au gouvernement un pourcentage bien plus élevé que j'aurais dû le faire sous l'administration Bush.

– Y a-t-il autre chose qui t'énerve ? m'a demandé Todd pendant qu'il tapait mon tract.

Et je lui ai répondu que j'en avais marre que le président me parle de haut.

– Comme si j'étais une sorte de… une sorte de…

– D'idiote mal informée ? a-t-il suggéré.

Et je lui ai dit qu'il avait trouvé les mots justes.

– J'en ai ras le bol qu'on s'adresse à moi comme si j'étais une idiote mal informée. Je pense que c'est le cas d'un tas d'Américains, mais nous verrons qui sera l'idiot quand je participerai à la manifestation historique à Washington !

Todd a approuvé à cent pour cent, puis il m'a emmenée à la gare routière où j'ai pris le bus pour Seattle.

1. Expression utilisée par la très conservatrice Sarah Palin lorsqu'elle accusa Barack Obama de vouloir créer des commissions censées décider si une personne âgée pouvait bénéficier d'une assurance-santé.

Recrutons personnes sympathiques

Pour ceux qui ne voyagent pas très souvent, les Courtyard Marriott pourraient apparaître comme des hôtels plutôt convenables. C'est propre, sûr, et le personnel est poli. Cependant je ne donnerais pas deux cents pour un de leurs oreillers, et les baignoires sont loin d'être assez profondes à mon goût. J'étais descendu dans l'un d'eux, dans le New Hampshire, où il y avait une cafétéria dans le hall désert – pas un Starbucks, un espace où l'on « servait avec fierté » des produits Starbucks et aussi des céréales pour le petit déjeuner et des sandwiches emballés. Je l'ai remarquée en revenant de déjeuner et, au moment précis où j'ai décidé de prendre un café, quelqu'un est sorti de nulle part et a surgi devant moi.

J'ai appris plus tard que son nom était Mme Dunston, une femme imposante comme une pyramide, de la couleur de la mie de pain, portant des lunettes surdimensionnées et un blazer en lin à manches courtes. Derrière elle est arrivé un homme que j'ai supposé être son mari et, après avoir consulté le menu affiché au tableau, elle s'est tournée vers lui.

– Un latte, a-t-elle dit. C'est bien ça que Barbara aime, le café avec de la crème Chantilly, ou est-ce que ça a un autre nom ?

Eh, merde, ai-je pensé.

– Je peux vous préparer un latte avec de la crème Chantilly par-dessus, a proposé la jeune femme derrière le comptoir.

Ses cheveux blonds lui tombaient jusqu'aux épaules et elle les a ramenés derrière ses oreilles. De minuscules grains de beauté étaient éparpillés comme de la chevrotine sur son visage, qui n'était pas maquillé, à l'exception d'un peu d'eye-liner.

– Je peux aussi vous en faire un parfumé.

– Vraiment ? a dit Mme Dunston. Quels parfums avez-vous ?

Finalement, elle a choisi le caramel. Puis son mari a regardé le tableau en plissant les yeux ; au bout d'un long moment, il a décidé d'essayer un de ces mokas quelque chose. Et pouvait-on le lui servir frappé ?

Tandis que je grommelais dans le creux de ma main, il s'en est allé. Pendant ce temps, sa femme a calé sa masse contre le comptoir et commencé son interrogatoire d'un ton avenant.

– Vous êtes de la région ? a-t-elle demandé. Non ? Du *Vermont* ? Comme c'est intéressant… Qu'est-ce qui vous a amenée ici ?

J'ai ainsi appris qu'encore récemment, la barista travaillait pour l'autre hôtel de la ville mais il avait fermé pour rénovation.

– Une fois que cela sera fait, resterez-vous ici ou repartirez-vous là-bas ? s'est enquise Mme Dunston. Moi, j'ai un fils à l'université, alors je suis venue voir comment il s'en sort. C'est mon deuxième, pour tout vous dire. L'aîné a également étudié ici. Il n'est malheureusement pas employé dans son secteur, mais avec le taux de chômage actuel, il peut s'estimer heureux d'avoir trouvé quelque chose. J'ai beau le lui avoir répété cent fois, évidemment, il s'impatiente, c'est bien naturel. Il voudrait révolutionner le monde, et si ça n'arrive pas avant neuf heures demain matin, c'est que la vie est injuste et vaut à peine d'être vécue. Et vous ? Vous êtes allée à la fac ?

Mais ce n'est pas tout d'être cordiale et bavarde – ma mère était comme ça. Au pressing, à la station-service, quiconque se trouvait derrière un comptoir ou une caisse enregistreuse devait affronter sa personnalité dans toute sa vigueur. La différence avec Mme Dunston, c'est que ma mère s'adaptait à son public, pas seulement à son interlocutrice, mais aussi à ceux qui écoutaient autour d'elle. « Je vois que vous avez du monde », finissait-elle par dire, ou : « C'est tout moi, vous monopoliser comme ça ».

Elle rendait aussi son bavardage plus intéressant. Dans la version de ma mère, le fils sous-employé aurait dormi toute la journée jusqu'au crépuscule, de préférence dans une cave froide et humide, avec la jambe d'un enfant démembré en travers de la bouche. Elle parlait d'une voix qui s'adressait à tous et les invitait à se joindre à la conversation. De son côté, Mme Dunston était simplement bruyante. Bruyante et aussi ennuyeuse qu'il est possible de l'être.

Après ce qui m'a semblé des semaines, la jeune femme a fini de préparer les commandes. Deux gobelets de la taille de corbeilles à papiers furent placés sur le comptoir, et M. Dunston est alors réapparu et a pointé le doigt vers la baie vitrée pour montrer un ensemble de bâtiments tristes, de l'autre côté du parking.

– C'est quoi ? a-t-il demandé.

La jeune femme a répondu qu'ils avaient fait partie de l'université.

– Bien sûr, c'était avant qu'ils agrandissent la partie ouest du campus.

– Et c'est arrivé quand ? s'est enquis M. Dunston.

Il avait une bonne dizaine d'années de plus que sa femme, soixante-cinq ans peut-être, et portait une casquette de base-ball au bord déchiré.

– Je vous demande pardon ? a fait la jeune femme.

– J'ai dit : quand ont-ils agrandi la partie ouest du campus ? Récemment ou il y a longtemps ?

QUI S'EN SOUCIE ? ai-je eu envie de crier. QUI ÊTES-VOUS ? L'HISTORIEN OFFICIEL DE CETTE FAC DONT TOUT LE MONDE SE FOUT ? AVEZ-VOUS REMARQUÉ QUE QUELQU'UN FAIT LA QUEUE DERRIÈRE VOUS, QU'IL SE BALANCE SUR SES BON DIEU DE TALONS DEPUIS DIX MINUTES PENDANT QUE VOUS ET CE BRONTOSAURE AGITEZ VOS LANGUES STUPIDES POUR NE RIEN DIRE ?

J'étais tout près de m'en aller en fulminant, mais Mme Dunston se serait alors tournée vers son mari et la fille derrière le comptoir en disant :

– Ah, les gens !

J'avais eu une réaction similaire la veille au matin en doublant difficilement un couple qui occupait toute la largeur d'un trottoir roulant reliant les halls A et B.

– On est pressé d'avoir sa crise cardiaque ! avait crié l'homme.

J'avais été tenté de lui rappeler que c'était un aéroport et que certains d'entre nous avaient peu de temps pour attraper leur correspondance, si ça ne le dérangeait pas. Mais, bien sûr, j'avais tout mon temps, vu que je n'avais pas de correspondance. C'était juste que je ne supportais pas de les voir, lui et sa femme, immobiles et côte à côte, bloquant le passage d'une personne qui *pourrait* avoir peu de temps pour attraper sa correspondance.

L'addition des Dunston s'est élevée à huit dollars, ce qui était cher payer pour deux cafés, tout le monde sera d'accord là-dessus. Mais ils avaient pris des *grands* cafés et étaient plus ou moins en vacances. Ce n'était pas comme un séjour en Floride, mais cela ne s'organise pas au pied levé, surtout avec le prix de l'essence qui n'arrête pas de grimper.

Tout en parlant, Mme Dunston a fouillé dans son énorme sac à main. Elle a fini par trouver son portefeuille, mais la caisse enregistreuse a semblé s'enrayer, alors ils ont jugé préférable de mettre les cafés sur leur note. C'est ainsi que j'ai appris leur nom et leur numéro de chambre, la 302.

Mais je ne me posais qu'une question : à quelle heure devrais-je organiser son réveil téléphonique ? Voyons si tu seras aussi bavarde à quatre heures du matin, me suis-je dit.

Puis elle a pris tout son temps pour ranger le portefeuille dans son sac à main et bien tirer la fermeture Éclair avant d'ôter son gobelet du comptoir et d'entamer ses longs adieux.

Lorsque le couple s'est enfin éloigné d'un pas pesant vers l'ascenseur, je me suis approché du comptoir, espérant que la jeune femme roulerait des yeux, histoire de reconnaître qu'il fallait régler le cas de gens comme les Dunston. Mais elle n'en a rien fait, aussi ai-je décidé de la détester autant qu'eux. Quand elle m'a annoncé que son petit stand ne servait pas de café normal, je l'ai exécrée encore plus.

– Je peux vous faire un bon cappuccino, a-t-elle proposé. Ou un latte frappé, peut-être ?

En entendant ces derniers mots, j'ai tourné les talons et me suis rué vers la porte. Puis j'ai marché jusqu'au coin de la rue où se trouvait un *vrai* café. Les serveurs couverts de piercings et de tatouages m'ont jeté un regard noir en me voyant entrer, et j'ai passé ma commande, persuadé qu'ils abomineraient les Dunston autant et même plus – si c'était possible – qu'ils me haïssaient déjà.

Bonnes à jeter

J'ignore pourquoi exactement mais lorsque Hugh et moi nous installons quelque part, nous avons tendance à ne plus en bouger. Pendant toutes ces années en France, à l'exception d'un seul week-end à Arles, je ne suis jamais allé dans la moitié sud du pays. Il s'est passé la même chose après notre déménagement en Angleterre. Nous connaissions Londres mais tout ce qu'il y avait autour restait un mystère pour nous, une sorte de « là-bas » où nous projetions de nous aventurer « un jour ». Ce jour est arrivé au cours de l'été 2010 quand nous avons rendu visite à des amis dans le Sussex de l'Ouest. Ils nous avaient dit que les South Downs étaient magnifiques, mais nous ne nous imaginions pas *à quel point* ça l'était : ces collines massives, mouchetées d'effleurements calcaires, étaient si vertes que cela nous faisait mal aux yeux. Les routes étaient étroites et bordées d'arbres qui formaient une voûte au-dessus d'elles. Toutes les maisons portaient un nom, et cela aussi semblait enchanteur. Nos amis vivaient dans ce qui était appelé Le Vieux Manoir, tout près d'un endroit baptisé La Grange. Hugh et moi n'avons passé qu'une nuit chez eux, mais cela a suffi pour nous persuader – dans la mesure où un horrible couple sans enfants peut être convaincu de telles choses – de vendre notre résidence secondaire en Normandie et de nous relocaliser dans le Sussex de l'Ouest dès que possible.

Après notre retour à Londres, nous sommes allés sur Internet et avons trouvé deux propriétés dans notre gamme de prix. La première s'appelait Le Faggotts Stack et se situait entre les hameaux de Balls Cross et Titty Hill[1]. Même sans l'avoir vue, il était évident qu'elle avait tout pour elle. Je l'aurais achetée pour le seul usage de l'adresse postale, mais Hugh voulait quelque chose de plus délabré, aussi avons-nous opté pour le choix numéro deux, un cottage. Bâti il y a environ quatre cents ans, d'après ce qu'on nous a dit, il ne disposait d'aucun système de chauffage en dehors des cheminées et des radiateurs électriques portables. La moitié des fenêtres ne s'ouvraient pas et l'autre moitié laissaient s'infiltrer l'eau de pluie qui avait pourri le plancher, sans parler des grandes taches de moisissure qui s'accrochaient comme du givre sur les murs branlants. Il y avait eu un cochon dans la cour mais il était mort – « de honte », a suspecté Hugh –, voilà dans quel état déplorable était cette propriété de deux hectares, un dépotoir de vaisselle brisée, de cartouches de fusil et de capsules de bouteilles de bière.

Le cottage de deux étages s'affaissait en bordure du domaine. À l'origine bâti en pierre, il avait ensuite été rafistolé avec des briques, puis avec ce qui ressemblait à des boules de neige sale. Les fenêtres du rez-de-chaussée avaient des carreaux de la taille de cartes de tarot, et elles étaient jolies, de même que les murs avec leurs enchevêtrements de poutres. Les plafonds en possédaient aussi, mais le bois était pourri par les vers et les coléoptères.

1. Les noms de lieux-dits « Faggotts Stack », « Balls Cross » et « Titty Hill » ont un double sens grivois : « faggott » peut aussi signifier « pédé », « balls » « couilles » et « titty » « néné ».

– Nous la prenons ! m'a dit Hugh, alors que nous nous tenions encore dans le salon et que nous n'avions pas encore vu l'étage.

Avec une vue aussi bucolique – des moutons paissant à l'ombre de ces grandes collines verdoyantes –, les travaux à prévoir paraissaient insignifiants.

– Donne à ces gens ce qu'ils demandent et fais-le aujourd'hui pour que nous puissions commencer tout de suite.

Si j'avais hésité, il m'aurait quitté. Parce qu'il est comme ça, Hugh. On ne se met pas en travers de son chemin, je l'avais appris il y a longtemps. J'avais aussi appris à lui faire confiance, surtout en matière de biens immobiliers. En plus de la vue, il appréciait que l'endroit n'ait pas été modernisé : aucune de ces toilettes en stuc ou de ces cabines de douche préfabriquée que l'on peut démonter et remonter à volonté. Il faut dire que la maison était classée (grade II) : les fenêtres brisées pouvaient être remplacées mais pas par du double-vitrage, car cela aurait nui à l'air froid d'époque. Les gouttières et les cheminées pouvaient être réparées, mais il était impossible d'installer des lucarnes dans le grenier ou même d'isoler les murs, car cela aurait abîmé les poutres originales. Hugh a demandé si une porte de cuisine pouvait être déplacée de soixante centimètres sur la gauche et, quand la réponse est tombée, ça n'a pas été un simple « non », plutôt quelque chose comme : « Mon Dieu, non ! » C'était comme si nous avions réclamé des glaçons dans nos verres de vin. « Beurk ! Mais où avez-vous été élevés ? »

Nous avons acheté la maison à la fin juillet et donné aux précédents propriétaires trois mois pour faire leurs valises. Je n'étais pas en Angleterre lorsque Hugh a récupéré les clés et que les ouvriers ont entamé ce qui s'est avéré être une occupation d'un an. Une grande partie de ce qu'ils faisaient était invisible. J'entends par là les tuyaux d'évacuation des eaux et les fosses septiques. L'ancien toit a été retiré et, une fois qu'il a été reposé avec les mêmes tuiles couvertes de lichen, il n'a pas du tout semblé différent. Les planchers pourris ont été soulevés et le problème de moisissure réglé, après quoi le plombier et l'électricien sont intervenus.

Pendant que les maçons retapaient le cottage, Hugh vivait dans ce qui avait été une écurie avant d'être convertie en maison d'invités, le genre idéal pour dissuader des invités de venir ou les confiner dans un espace réduit afin qu'ils dépriment lentement jusqu'à ce que mort s'ensuive. C'était tout spécialement lugubre en hiver lorsque, pour avoir chaud, on n'avait pas d'autre choix que de rester devant le feu de la cheminée. Là, on tournait doucement sur soi-même comme sur une broche en se demandant à quelle heure passerait le prochain train pour Londres.

Quand j'ai fini par rejoindre Hugh dans l'écurie, nous étions en décembre, et j'ai commencé à voir les nombreux inconvénients qui m'avaient échappé lors de ma précédente visite. Par exemple, le club de vol à voile situé à deux kilomètres et demi. Sur son site internet, ses membres s'extasient sur les vertus reposantes de cette activité. Et ils ont raison, les planeurs *sont* silencieux. En revanche, les avions à hélice qui les remorquent dans le ciel sont comparables à des tronçonneuses volantes et, par temps clair, leur présence peut être quasi constante.

Mais ce qui m'a vraiment contrarié, c'étaient toutes les ordures au bord de la route. À Londres, on part du principe que si vous laissez un objet sur un mur ou que vous l'enfonciez entre les planches d'une palissade, ça ne compte pas. Comme s'il fallait qu'il entre en contact avec le sol pour devenir un authentique déchet et, à ce stade, c'est le vent le responsable, pas vous. Malgré ma frustration, je m'y étais habitué, je m'attendais à voir des détritus dans une ville. À la campagne, par contre, et notamment dans une aussi belle campagne, c'était particulièrement désespérant car c'est le genre de chose que l'on ne peut s'empêcher de repérer dès qu'on l'a remarqué une fois.

Notre propriété fait face à une petite route sinueuse et bordée d'arbres qui mène à Amberley, un village si pittoresque et si soigneusement entretenu qu'il en paraît presque faux, comme un décor de cinéma. « Tu dois te fiche de moi », ai-je dit la première fois que j'y suis allé. Parce que c'était presque trop : le pub douillet, l'église du douzième siècle et la vingtaine d'impeccables cottages, la plupart dotés d'un toit de chaume. Le centre de son activité est une petite épicerie et, en m'y rendant à pied en cet après-midi du 1er décembre, j'ai aperçu plus d'ordures que je n'en avais vu en quinze ans en Normandie.

– Il vient d'y avoir un défilé ? ai-je demandé à une passante.

Lorsque j'ai mentionné les détritus à mes voisins, ils ont tous été d'accord pour dire que c'était une honte.

– Ce n'était pas comme ça, il y a trente ans, a déclaré la voisine qui habitait la maison à droite de la nôtre.

Elle ne pouvait pas me dire pourquoi les choses avaient changé. Cela faisait simplement partie du déclin général. Sous ce rapport, c'était comme les graffitis, qui s'étaient inexorablement répandus jusqu'à ce que les gens perdent l'envie de leur faire la guerre. Puis, pour se sentir moins impuissants, ils avaient décidé que c'était de l'art. J'ai essayé de voir les ordures de cette manière : *Oh, ces jeux de lumière sur la bouteille de vodka ! Regarde comme le bleu vif de ce papier de bonbon ressort sur le brun des feuilles mortes.* Mais ça n'a pas marché.

Le lendemain de mon arrivée à la maison, je me suis rendu à vélo dans la bourgade de Pulborough. Les premiers kilomètres se font sur une route étroite qui s'enfonce à travers une forêt magnifique, dont le sol est relativement libre de broussailles. Cela facilite la course des cervidés et offre une vue plus dégagée sur les ordures – parfois des sacs entiers. Il s'agit des sacs-poubelle que les habitants du coin ont tendance à abandonner, pour une raison ou une autre. Ils se débarrassent aussi de leurs appareils électriques : les fours à micro-ondes, les télés, les chaînes hi-fi démodées sont lâchés dans les bois comme s'ils allaient y être plus heureux. Il y a un site d'enfouissement où ces déchets pourraient être déposés, mais cela coûte de l'argent et il faut faire un détour, alors pourquoi ne pas tout donner à manger aux renards ? Ils aiment les chaînes stéréo, pas vrai ? Et les grils à paninis aux fils usés ? Les matériaux de construction fournissent d'autres ordures de taille : des boîtes de polyuréthane, des morceaux de parpaings. Du composé pour les joints. Des radiateurs à eau chaude.

En sortant de la forêt, on se retrouve sur une route à deux voies pas mal empruntée. J'avais parcouru quatre cents mètres dessus, lorsque je suis tombé sur un homme qui collectait des déchets dans un sac en plastique. Il avait l'air d'approcher de la cinquantaine et portait un bonnet de laine enfoncé sur le front.

– Excusez-moi, ai-je dit, est-ce que l'on vous paie pour faire ça ?

C'était une journée pluvieuse et, alors qu'une voiture me doublait en m'éclaboussant de boue au passage, l'homme m'a répondu qu'il agissait de son propre chef.

– Je vis ici et quand il y a vraiment trop d'ordures, quand je ne peux plus le supporter, je sors les ramasser.

Une autre voiture est passée en trombe et j'ai lâché quelque chose de particulièrement curieux :

– Eh bien, vous... vous êtes tout simplement... un très bon citoyen.

J'avais le rouge au front en repartant, mais, plus tard, j'ai réfléchi à mon compliment maladroit et j'ai été heureux d'avoir fait une halte pour le délivrer. Ce n'était pas comme si j'avais changé le cours d'une vie ou quelque chose de ce genre, toutefois, au fil des semaines, j'ai fini par devenir cet homme au bord de la route et j'ai progressivement compris la valeur d'un petit encouragement.

Ramassez des détritus et les gens se diront que vous purgez une peine, que cela fait partie de votre travail d'intérêt général. *C'est lui qui entre par effraction dans les cabanes à outils ?* se demanderont-ils. *C'est lui qui vole les batteries des voitures en stationnement ?* Au début je m'inquiétais de ce qu'ils pourraient penser, mais ma véritable nature n'a pas tardé à prendre le dessus et je suis devenu obsédé. Lorsque cela s'est produit, il n'y a plus eu de place pour personne auprès de moi, sauf pour Hugh qui fait sa part de temps à autre mais sans aller jusqu'à se garer chaque fois qu'il passe en voiture à côté d'une bouteille en plastique. Il peut parler déchets, mais si la conversation bifurque vers le prix du chauffage au fuel ou la technique adéquate pour poser un pavé, il peut bifurquer avec elle. Alors que, pour moi, il n'existe pas d'autre sujet à aborder.

Voilà ce que je suis devenu depuis que nous avons déménagé dans le Sussex de l'Ouest… Les bons jours – les secs –, je n'ai pas de boue sur mes vêtements, seulement la saleté habituelle récoltée en rampant sous les clôtures pour récupérer les bouteilles vides de Lucozade, une boisson énergisante qui donne à ses consommateurs la force nécessaire pour jeter encore plus de bouteilles encore plus loin. Mes bras sont tout égratignés à force de ramasser des sachets de chips vides dans les ronces. L'approvisionnement en chips semble illimité au Royaume-Uni et les sachets font penser à des repas spatiaux. Sur l'un est écrit : « Steak argentin grillé à la flamme » et sur un autre : « Écureuil cajun ».

Depuis que ma vie se résume au nettoyage des bords de route, les bouts de mes doigts sont noirs comme des têtes d'allumettes brûlées à force de ramasser des capsules de bouteilles. J'ai presque toujours des feuilles et des brindilles dans les cheveux et, parce que je sais que je vais me salir, je m'habille en conséquence, c'est-à-dire en haillons, comme un vagabond.

– Il faut que tu te dégottes un bon bâton, m'a conseillé l'un de mes voisins. Un avec un clou à l'extrémité. Comme ça, tu n'auras plus à te baisser.

C'était une attention délicate, mais ajouter un harpon à mon accoutrement ne ferait que me marginaliser un peu plus, sans compter qu'il pourrait s'avérer difficile à transporter. Lorsque j'ai commencé à collecter des ordures, je le faisais à pied. Pour m'aventurer plus loin dans les champs, je suis passé au vélo – j'attache un sac de déchets à mon porte-bagages et j'essaie d'en faire tenir un beaucoup plus gros dans le panier à l'avant. Je porte aussi un sac à dos contenant des lingettes humides. J'en ai besoin après avoir ramassé des couches sales ou des paquets de viande pourrie où vivent des asticots. Je me dis en moi-même : *Laisse ça !* Mais si je m'écoute, la route ne sera pas propre, seulement presque propre, ce qui est synonyme de sale.

En rentrant à vélo à travers bois, j'essaie de regarder pardessus mon sac-poubelle plein et chancelant pour vérifier le résultat de mes efforts : plus même un mégot pour gâcher la vue ! *Profites-en tant que tu peux*, me dis-je alors, car ce sera de nouveau souillé d'ici demain matin. Une fois, j'ai trouvé une poussette avec son siège calciné, comme si l'enfant avait été victime d'une autocombustion spontanée. Des semaines plus tard, je suis tombé sur une revue porno mais, pour l'essentiel, c'est toujours la même mouise, encore et encore, des sachets de chips, des canettes de bière et de Red Bull vides, d'innombrables papiers d'emballage de Cadbury, de Twix et de Mars. Les boissons gazeuses et les confiseries désignent les gamins mais, selon le rapport de la Campagne pour protéger l'Angleterre rurale, un quart de la population admet sans honte jeter des détritus par la fenêtre de leurs voitures. Je nettoie donc derrière treize millions de personnes, et aucune d'elles ne semble en être reconnaissante.

Un après-midi, en revenant en voiture de la plage, Hugh m'a montré un sac en papier McDonald vomissant son contenu sur le trottoir.

– Pour moi, il faudrait automatiquement bannir toutes les entreprises dont les produits se retrouvent par terre, a-t-il dit.

C'est ainsi que nous parlons, désormais, comme si nos déclarations avaient le moindre poids et qu'elles puissent être suivies d'effet, tels les édits d'un roi ou les sortilèges d'un sorcier.

– Ça signifierait plus de McDonald, plus de Coca ! Fini tout ça !

– Ça ne te toucherait pas, lui ai-je fait remarquer (Hugh ne boit pas de sodas et ne mange pas de Big Mac). Mais s'il s'agissait d'un produit dont tu as besoin, comme de la peinture ? J'en trouve tout le temps des pots dans les bois.

– Aucun problème. Qu'on s'en débarrasse ! Je fabriquerai la mienne !

Si quelqu'un pouvait fabriquer sa propre peinture, c'était bien Hugh.

– Et les pinceaux ?

– Je t'en prie, a-t-il rétorqué en passant la vitesse supérieure. Je pourrais en confectionner en dormant !

Quelques jours plus tard, en rentrant de chez le boucher de Pulborough, il m'a présenté son idée du sac en cuir de chèvre.

– Tout le monde en a un, tu sais. Et puis, si tu veux emporter une boisson non alcoolisée, un café ou n'importe quel autre breuvage, tu peux les conserver dedans. (Il semblait si content de lui.) On peut même y accrocher une bandoulière. Comme pour les gourdes molles.

– D'accord, mais est-ce que les gens ne risqueraient pas de *les* jeter par les fenêtres ?

– Ce serait trop bête parce qu'ils n'auraient droit qu'à un sac, a-t-il dit.

– Et comment le laves-tu ? ai-je demandé. Que se passe-t-il si tu veux du lait le matin et du vin au déjeuner ? Les saveurs vont se mélanger, non ?

– Ah, tais-toi, a-t-il soupiré.

Le soir, dans mon lit, j'imagine la carte du territoire que je couvrirai le lendemain. Ce qui me freine, c'est l'entretien, le fait de devoir revenir sur mes pas pour nettoyer les bouts de route que j'ai parcourus l'après-midi précédent et celui d'avant. En quoi consistait ma vie avant ça ? Je m'interroge. Je me consacrais bien à quelque chose, non ?

Avec le retour de la chaleur, il est devenu beaucoup plus facile de vivre dans l'écurie. Trois vieux amis des États-Unis sont passés nous voir, un en juillet, deux en août.

– Ça vous dirait de ramasser les ordures sur les bords de route ? ai-je suggéré.

– Bien sûr ! Ça a l'air marrant ! ont-ils tous répondu.

Il m'a semblé que le conseil général de Horsham aurait dû leur offrir une récompense, une visite gratuite au château d'Arundel, peut-être. Les autorités locales sont responsables de la collecte des ordures, mais pour nettoyer toutes les routes, il leur faudrait des centaines d'employés. Et tant que les gens ne changeront pas d'attitude, que peuvent-elles réellement accomplir ?

– Sans vouloir vous juger, j'aimerais savoir s'il vous est déjà arrivé de jeter des détritus par la fenêtre de votre voiture, ai-je demandé aux ouvriers du chantier de notre maison.

Ils ont tous répondu que non.

– Sérieusement, soyez sincères avec moi, ai-je dit.

J'ai posé la même question à la caissière de l'épicerie locale, au patron du salon de thé, au boucher.

– Non, ont-ils tous juré. Jamais.

Je trouve une boîte de doughnuts à moitié vide et je l'imagine balancée par la main squelettique d'une personne à la diète gémissant : « Éloignez ça de moi ! » Toutes ces canettes de bière géantes et ces bouteilles d'alcool vides sont peut-être jetées pour les mêmes raisons. Ils doivent être dans le déni, me dis-je, ou bien non, ils doivent être en colère, car chaque détritus laissé derrière soi n'est-il pas une manière de dire : « Allez-vous faire foutre ! » ?

En cherchant à donner du sens à ce mystère, je me représente un obsédé du régime sans volonté, un alcoolique, un adolescent asocial, mais la plus grande semeuse de déchets que j'aie connue était ma grand-mère grecque, décédée en 1976. Cette femme pouvait jeter n'importe quoi par la fenêtre d'une voiture. Il suffisait que ce ne soit pas trop gros.

– Bon sang, mais qu'est-ce que vous faites ? criait mon père.

Et il fallait un moment à ma grand-mère pour comprendre à quoi il se référait. Avait-elle lâché un vent ? Non. Était-ce le sac en papier de l'épicerie qu'elle venait de balancer sur l'autoroute ? Qu'y avait-il de mal à ça ? Pour Yiayiá, l'important, c'était d'être propre à l'intérieur, pas à l'extérieur. Un break impeccable était un reflet de vous-même, alors qu'un paysage bien entretenu, qu'est-ce que cela signifiait ? Voyez le ciel, encombré de nuages, ou la plage, envahie de coquillages : tout ce désordre était-il différent d'une centaine de canettes dans un fossé ?

Ma grand-mère ne conduisait pas mais, si tel avait été le cas, la traînée d'ordures qu'elle aurait laissée derrière elle aurait été sans fin. Il ne faut pas beaucoup d'individus pour souiller une route. Une simple poignée bien déterminée suffit. Une des choses que je ne cesse de ramasser, c'est une bouteille de Coca light contenant un emballage de Mars méticuleusement plié. Je suppose que c'est le petit en-cas que les gens s'offrent après le travail et qu'une fois qu'ils ont glissé le papier dans la bouteille vide, ils ont l'impression d'avoir fait leur devoir. Et bien qu'ils aient transformé deux détritus en un seul, aussi longtemps qu'ils n'auront pas appris à le garder dans leur voiture, je ne crois pas qu'ils puissent se permettre de s'autocongratuler. *Qui es-tu ?* Telle est la question que je me suis posée la première, la troisième ou la cinquième fois que je suis tombé sur une de ces bouteilles. *Penses-tu aux quatre siècles qu'il lui faudra pour se décomposer ou ceci n'a-t-il pas plus d'importance pour toi que de tirer une chasse d'eau ?*

– Ce dont le gouvernement a besoin, c'est de l'empreinte génétique de tout le monde, ai-je dit. Ainsi, quand on découvrira une bouteille ou une canette par terre, il suffira d'effectuer un contrôle et d'envoyer le coupable en prison.

– Et s'il s'est servi d'un verre ? a demandé Hugh.

– Pourquoi faut-il que tu rendes ça si compliqué ? ai-je rétorqué.

C'est lamentable, vraiment. Et nous voilà, immigrés de fraîche date, qui croyons que tout ira pour le mieux, une fois que nous aurons complètement changé les gens qui sont nés et ont été éduqués ici. Je me dis parfois que c'est possible, bien que, tout au fond de moi, je me demande si ces idées ne sont pas juste bonnes à jeter à la poubelle.

Jour après jour

Sept ans est un âge merveilleux. Pendant deux jours. C'est généralement la durée des visites de mon amie Pam et de son fils Tyler qui est en CE1. Il en est au stade où, quoi que je fasse, il veut le faire aussi. Cela inclut de porter des chemises à col boutonné, de chanter *Galveston* – une chanson popularisée par Glen Campbell[1] – jusqu'à ce que tout le monde le supplie, pour l'amour de Dieu, d'arrêter ; et de se balader partout avec un petit carnet de reporter de la marque Europa. Je lui en ai offert un, la dernière fois qu'il est venu dans notre maison du Sussex de l'Ouest et, pour me singer, il le garde dans sa poche avec un stylo. Cet après-midi-là, Hugh nous a conduits dans la bourgade voisine d'Arundel, histoire de visiter le château. Il y avait un exemplaire du canard local sur la banquette arrière de la voiture et, pendant le trajet, je l'ai feuilleté et suis tombé sur le gros titre suivant : « Des olives toxiques sur le marché ? »

– Hum, ai-je dit avant de le recopier dans mon petit carnet.

Tyler en a fait autant mais avec moins de conviction.

– Encore ? a-t-il lâché.

1. Chanteur, musicien de country et acteur américain (1936-2017).

– C'est pour ton journal, ai-je expliqué. Tu notes des choses dans la journée et, le lendemain matin, tu les développes.

– Mais pourquoi ? a-t-il demandé. Quel est l'intérêt ?

C'est une question que je me suis posée jour après jour depuis le 5 septembre 1977. Le 4 septembre, j'ignorais que, le lendemain après-midi, je commencerais à tenir un journal et qu'il me prendrait tout mon temps pendant trente-cinq ans minimum. Ce n'était pas quelque chose dont je me dégoûterais mais, une fois que je m'étais lancé, je savais que je devrais continuer. J'avais aussi conscience que ce que j'écrivais n'était pas un *Journal* mais un *journal intime* – désuet, efféminé, secret. Ces termes sont souvent interchangeables, bien que je n'aie jamais compris pourquoi. On retrouve le mot « journal » dans les deux cas, mais selon moi, un « journal » est un dépôt d'idées, c'est votre cerveau couché sur papier. En revanche, un « journal intime » permet d'épancher son cœur. Quant à l'action de « tenir un journal », mode apparue en même temps que celle des « albums de collages », s'y adonner signifie essentiellement que vous êtes d'une bizarrerie inquiétante et que vous avez trop de temps à perdre.

Certaines choses ont changé depuis ma première entrée en 1977, mais ma résolution n'a jamais faibli, et en moyenne, je ne dois pas sauter plus d'un ou deux jours par an. Ce n'est pas que je croie que ma vie soit spécialement importante ou que les futures générations se soucieront que, le 6 juin 2009, une femme accompagnée d'une belle-mère sourde et toxicomane m'a appris à dire : « Je voudrais que tu arrêtes de te conduire comme un trou du cul » en langue des signes. Il est possible en revanche que cela nourrisse ma nature compulsive, mon besoin de faire exactement la même chose à la même heure chaque matin. Certaines sessions sont plus longues que d'autres, mais leur durée tient plus à mon humeur qu'aux événements qui se sont produits. Le jour où j'ai rencontré Gene Hackman, j'en ai tiré trois cents mots.

Six semaines plus tard, j'ai observé un mille-pattes attaquer et tuer un ver et j'ai rempli deux pages. Pourtant j'aime *vraiment* Gene Hackman.

Au début, je rédigeais mon journal intime au dos de napperons en papier. Mon copain Ronnie et moi voyagions en auto-stop le long de la côte Ouest à cette époque. J'envoyais des lettres et des cartes postales normales à mes amis, sauf que, comme je n'avais pas d'adresse fixe, personne ne pouvait y répondre. Alors je me suis mis à m'écrire à moi-même. Ces entrées des premières années sont les plus difficiles à relire, non qu'elles soient ennuyeuses – un journal intime a parfaitement le droit d'être ennuyeux –, mais plutôt en raison de leur style terriblement affecté. C'est de la poésie écrite par quelqu'un qui n'a jamais lu de poésie mais semble penser qu'il faut avant tout

des lettres minuscules
et beaucoup d'
espaces
vides.

J'aurais bien aimé savoir combien me coûtait une tournée de linge – n'importe quoi de pratique et de concret –, mais à la place je ne trouve que du charabia. Là où je séjournais, les portes ne fermaient pas à clé et peut-être craignais-je que l'on tombe sur mon journal intime, que l'on découvre qui j'étais en réalité, un nul, un petit-bourgeois à mille lieues de l'artiste que je prétendais être, et que l'on me rejette impitoyablement. Alors, plutôt que de raconter ma première journée de travail au Carolina Coffee Shop, j'ai écrit cent fois : « Je n'ai pas vu *La Guerre des étoiles* » à l'encre rouge.

Après quelques mois de napperons, je suis passé aux carnets de croquis à la couverture cartonnée et je me suis mis à coller des choses à côté de mes entrées : des reçus de loyer, des talons de tickets – des bricoles qui, au bout du compte, en disent plus long que les écrits. Puis vinrent la phase embarrassante où je dessinais et la phase un peu moins embarrassante de mes collages de papiers déchirés. En 1979, j'ai commencé à taper mes journaux intimes, d'une manière saccadée, d'un doigt, et à en relier les pages entre des feuilles cartonnées peintes à la main. Cela signifiait qu'au lieu d'écrire en public, le plus souvent dans des restaurants de pancakes, parfois avec un béret sur la tête, je m'épanchais à domicile, dans un vrai appartement à présent, avec une serrure sur la porte.

C'est peut-être ça – l'intimité – qui m'a permis de me détendre et de me poser. En juin de cette même année, j'ai écrit que l'essence avait atteint un dollar le gallon dans quatre États – « Un dollar ! » J'ai noté que notre berger allemand, Mädchen II, avait uriné sur le lit de mes parents, que ma mère était entrée dans une nouvelle dimension en traitant le chien « d'enculé de merdeux ». Finalement, je parlais de mon monde et consignais par écrit ce qui me semblait mériter d'être retenu. Puis j'ai découvert la méthamphétamine et ai fait deux pas de géant en arrière. Les six journaux intimes suivants se résument à une longue phrase agitée mais ininterrompue, un rêve fiévreux aussi dénué d'humour que prétentieux. J'ai essayé de la relire récemment et j'en suis ressorti en me demandant : *C'est quoi ce toxicomane qui me fatigue ?*

Je voulais nier son existence, mais tel est le terrible pouvoir d'un journal intime : il ne se contente pas de ramener à la vie la personne que vous étiez, il vous jette aussi dans ses bras pour vous rappeler que tout changement n'est pas synonyme d'une évolution positive. La plupart du temps, vous n'avez pas appris de vos erreurs. Vous ne vous êtes pas assagi, vous avez simplement vieilli. Le jeune de vingt-cinq ans qui, défoncé, a pissé sur le chaton de son amie Katherine est devenu l'adulte de trente-cinq ans qui, bourré, a pissé dans le bac à sable de son ancienne école primaire.

– Le bac à sable ! s'était alors indignée ma sœur Amy. Tu réalises que si quelqu'un *doit* y pisser, ce sont les enfants ?

Mon journal intime a retrouvé son équilibre après que j'ai renoncé au speed. Si le style était toujours maladroit, le point de vue s'était élargi. Je ne possédais pas de télé à cette époque, mais j'écrivais beaucoup sur les émissions de radio que j'écoutais. De temps à autre, je me branchais sur une station musicale, préférant toutefois le bruit des conversations, même si je ne m'intéressais pas au sujet abordé – le sport, par exemple, ou la probabilité d'un retour de Jésus dans les prochaines heures.

La radio a joué un rôle encore plus grand dans mon journal intime lorsque j'ai déménagé à Chicago, en 1984, et que je me suis mis à écouter *Getting Personal*, un programme du dimanche soir animé par une certaine Phyllis Levy. Il est facile d'entendre des sexologues de nos jours, mais cette émission-là n'était diffusée ni en podcast ni par satellite et l'on ne pouvait pas utiliser les mots que l'on voulait. Phyllis travaillait dans une station commerciale. Ses intervenants et elle devaient surveiller leur langage et utiliser des termes comme « satisfaire » ou « cavité » qui, d'une certaine manière, semblaient plus obscènes que leurs synonymes triviaux.

J'évoquais souvent dans mes notes la compassion et la tolérance de cette femme. Dans mon souvenir, la seule fois où elle a fixé une limite, c'est lorsqu'un homme a dit qu'il voulait pénétrer l'orbite creuse de sa femme borgne. En y repensant, je suppose que c'était une blague. Franchement, qui ferait un truc pareil ? Au crédit de Phyllis, je dois préciser qu'elle avait traité l'appel avec sérieux et gentiment suggéré que, vu le nombre d'orifices dont la nature nous a pourvus, il était peut-être préférable de ne pas explorer celui-ci. Venant de Caroline du Nord, je n'arrivais pas à croire qu'un tel échange pût passer à la radio. Un dimanche, par-dessus le marché ! J'écoutais devant ma machine à écrire et copiais les questions et les réponses les plus fascinantes. Écrire sur la vie sexuelle des autres m'amusait beaucoup. Quant à la mienne, j'aurais difficilement pu me montrer plus discret. On peut lire dans mes premiers journaux intimes que « B a passé la nuit à la maison » ou qu'« après dîner, M et moi avons été romantiques deux fois ». Il n'y a pas de détails, encore moins de noms entiers. Je crois que je craignais qu'on pût mettre le nez dans ce que j'avais écrit et que parler de ma sexualité m'aurait plus embarrassé que… que *quoi* exactement ? Que gémir sur son inexistence ?

Quand j'étais étudiant à Chicago, j'ai connu ma plus grande peur le jour où un garçon avec qui j'avais une relation sérieuse a mis la main sur mon journal intime. Je n'étais pas en ville et j'ai appris un peu plus tard qu'il avait été blessé, non par ce que j'avais écrit sur lui mais par son absence presque totale. En fait, j'avais accordé plus de place à mon coiffeur et, bien sûr, à l'actualité de la fac. Au début de ma deuxième année, je me suis inscrit à un cours de création littéraire. L'enseignante, qui se prénommait Lynn, nous avait demandé de rédiger un journal individuel que nous lui remettrions deux fois au cours du semestre. Cela signifiait que je devrais en tenir deux, un pour moi et un autre – très révisé – pour elle.

Les passages que j'ai finalement montrés étaient comparables à ceux que je lis parfois sur scène, le 0,1 % qui pourrait éventuellement être qualifié de divertissant : une plaisanterie que j'ai entendue, un slogan sur un tee-shirt, quelques informations secrètes transmises par une serveuse ou un chauffeur de taxi. Pour les trouver, je consulte l'index de mon journal qui exclut tous les trucs vaseux et ne liste que les sujets susceptibles de servir un jour.

Volume 87, 15/05 : Lisa laisse un tampon usagé dans le linge sale et son mari le prend pour une épaulette.

Volume 128, 23/01 : La vendeuse me dit que le manteau que j'essaie est imperméable « seulement s'il pleut un peu ».

Volume 129, 06/04 : Je note mon e-mail pour Ian et, après y avoir jeté un œil, il déclare : « Oh, mon Dieu. Tu as la même écriture qu'Hitler. » NB : quel genre de personne peut connaître l'écriture d'Hitler ?

Volume 132, 05/12 : Un type nommé Ramón a ramoné la chaudière de ma sœur Gretchen.

Sur une période donnée de trois mois, il y a peut-être une cinquantaine de choses qui valent la peine d'être notées et six que je pourrais songer – avec un peu de travail – à lire en public. En feuilletant l'index, qui contient 280 pages à ce jour, je remarque comme mes entrées ont changé au fil des années, les réflexions laissant progressivement la place à des sortes d'esquisses. Il est cinq heures du matin dans le hall de l'hôtel La Valencia et deux employés discutent conseils parentaux. « Je demande à mes fils de toujours tenir la porte aux femmes », dit le réceptionniste. C'est un Hispano-Américain corpulent avec un tas d'argent dans la bouche. Pas très loin de lui, un second homme est occupé à mettre des journaux dans des sacs et il hoche la tête en signe d'approbation. « Peu importe qui est la dame, je leur dis. Ça peut être une grosse dondon mais, de l'autre côté de la pièce, une jolie fille est peut-être en train d'observer la scène, alors c'est pas pour rien. »

Ici, une passagère de l'Eurostar entre Paris et Londres, une Américaine au gilet couleur sable, tape sa petite-fille avec un guide touristique, jusqu'à ce que l'adolescente se mette à pleurer. « Tu es très paresseuse et très égoïste, la réprimande-t-elle. Tout le contraire de ta sœur. »

Si dans six mois, un an ou même cinq ans, je m'assieds à ma table de travail et décide d'utiliser ça dans un article, nul doute que je me maudirai de ne pas avoir ajouté plus de détails. Quelle sorte de chaussures portait la petite-fille. Quel était le titre du livre utilisé par la grand-mère pour la battre ? Mais si je notais tous les détails qui me paraissent curieux ou frappants, je n'aurais plus le temps pour quoi que ce soit d'autre. Apparemment, je pousse déjà le bouchon trop loin. Quand Hugh et moi sommes en voyage, pendant qu'il arpente les rues de Manille, de Reykjavik ou de n'importe quelle autre ville où nous nous trouvons, moi, je remonte dans notre chambre d'hôtel noter la dispute que nous avons entendue dans la salle du petit déjeuner. Je n'ignore pas qu'étant si occupé à enregistrer les menus faits de la vie, je n'ai pas vraiment le temps de vivre la mienne. Je suis devenu comme ces gens que je déteste, le genre qui va au musée pour photographier un magnifique Brueghel, et non pour l'admirer, réduisant ainsi l'art à la dimension d'une preuve. Ce n'est pas « Regarde ce qu'a fait Brueghel, le chef-d'œuvre qu'il a peint ! » mais « Regarde ce que *j*'ai fait ! Je suis allé poser devant un tableau de Brueghel à Rotterdam ! ».

D'un autre côté, si je devais quitter l'hôtel sans écrire dans mon journal, ça me laisserait une impression d'inachevé et je me sentirais trop nerveux pour profiter de ma journée. Même si ce que je note n'a peut-être aucune importance, il faut que je le couche sur le papier.

« Je pense que tu souffres d'un trouble de la personnalité », se plaît à dire Hugh. Peut-être, mais qui s'avère indispensable lorsque monsieur cherche le nom du restaurant de Barcelone qui sert de la glace au camembert, la marque de savon préférée de sa mère ou la chute de cette blague qu'il n'a jamais trouvée drôle ? « Oh, tu te souviens ! Un truc à propos d'une femme qui fait don de son plasma », dit-il.

Bien sûr, le journal m'aide aussi. « Ce n'était certainement pas ta position le 7 juillet 1991 », ai-je rappelé à Hugh, une heure après que nous nous sommes querellés sur tel ou tel sujet. J'aurais aimé le contrer plus vite, mais cela prend du temps de vérifier ces choses.

Le journal intime est également utile en famille, bien qu'il joue alors le même rôle qu'une photographie qu'on n'a pas regardée depuis longtemps. « Tu te souviens de ce qui s'était passé en Grèce, la fois où je m'étais endormi dans le bus et que tu avais badigeonné mes paupières de dentifrice ? » ai-je demandé un jour à mon frère Paul.

Pour les gros fumeurs de haschich, les rappels de ce style sont des révélations. « Attends une seconde, on est allés en Grèce ? »

Dans mon enfance, je croyais que j'aurais des pensées d'adulte quand je serais grand. Je voulais dire par là que j'arrêterais de vivre dans un monde imaginaire, que je ne rêverais plus, lorsque je ferais la queue pour un hamburger ou devant un distributeur de billets, de devenir l'ami d'un gorille ou d'inventer une pilule qui rendrait les cheveux imperméables. De ce point de vue aussi, mes journaux intimes m'ont donné tort. Je ne cesse de concevoir des situations impossibles : ici je trais un panda, ailleurs je réalise une opération chirurgicale ou me sers d'un raz-de-marée pour nettoyer l'État d'Arizona. À la fin du mois de novembre 2011, mon fantasme le plus spectaculaire impliquait la capture du voleur de mon ordinateur, dont je n'avais toujours pas sauvegardé les données au bout de presque un an. J'avais imprimé mon journal jusqu'au 21 septembre, mais les huit semaines suivantes ont disparu à jamais.

– Deux mois de ma vie effacés ! ai-je dit à Hugh.

Il m'a rappelé que j'avais pourtant bien vécu ces deux mois.

– On ne t'a pas volé ce temps, seulement ce que tu en as retenu par écrit, a-t-il rétorqué.

Après trente-quatre ans de journal intime, je n'étais plus capable de faire la distinction. Heureusement, j'avais encore mes carnets et, dès le départ de la police, je suis allé acheter un nouvel ordinateur portable et me suis efforcé de reconstituer les huit semaines manquantes.

Le premier défi consistait à déchiffrer mon écriture, et le second, à déterminer à quoi se référaient les notes. Après avoir reconnu les mots « étrangère » et « tondu », j'ai réfléchi un moment et me suis souvenu d'une femme à l'aéroport de Dallas. Nous attendions d'embarquer dans un avion à destination de San Francisco et je l'avais entendue parler de son chat. C'était un mâle à poil long, je crois, et lorsqu'elle était revenue chez elle, l'été précédent, elle l'avait retrouvé tondu.

– Bah, par une chaleur pareille, c'était probablement un mal pour un bien, lui avait dit l'homme à qui elle parlait.

– Mais ce n'est pas moi qui l'avais tondu ! avait répliqué la femme. C'est quelqu'un d'autre !

– Un étranger a tondu ton chat ?

– C'est ce que je me tue à t'expliquer ! s'était-elle exclamée.

J'ai fini par reconstituer les deux mois manquants, les ai imprimés et ai mis sous clé le journal complet avec les cent trente-six autres volumes dans le meuble de rangement qui leur est réservé.

– Que devrai-je faire de tout ça le jour où tu meurs ? a demandé Hugh.

Je vois deux options : l'inhumation ou la crémation.

– Mais garde les couvertures, lui ai-je précisé. Les couvertures sont bien.

Quant à Tyler, le petit garçon de sept ans, qui sait s'il s'accrochera au sien ? Le journal intime d'un enfant, comme le dessin d'une maison d'un enfant, est une chose plutôt simple. « Nous sommes allés dans un château. C'était marrant. Puis nous sommes allés dans un petit zoo. Ça aussi, c'était marrant. »

Je me suis dit que mon entrée du 11 août devrait commencer par un accident que j'ai eu au château. Nous nous trouvions dans le parc à la française, lorsque j'ai trébuché et suis tombé devant un grand nombre de personnes, dont l'une s'est écriée :

– Surtout ne le bougez pas !

Il ne m'en fallait pas plus pour me sentir stupide, *vieux* et stupide. J'avais les joues bouillantes en me relevant.

– Ça m'est arrivé il n'y a pas si longtemps, a compati Pam pour tenter de me réconforter.

– Ça t'apprendra à chahuter, m'a gourmandé Hugh.

– C'était vraiment rigolo, a dit Tyler avec franchise et simplicité.

J'ai sorti mon calepin et y ai noté : « Suis tombé dans le jardin », comme si j'allais l'oublier d'ici le lendemain matin, au moment où je me dirigerais en boitant vers mon bureau. Je rédigeais mentalement l'entrée du journal – la gêne éprouvée, l'élancement dans le genou, le bruit de mon corps s'affalant sur les graviers – quand nous avons pénétré dans le petit zoo. J'ai alors vu quelque chose qui a fait passer ma chute de la une du journal à la rubrique « en bref ». L'endroit ne cassait pas des briques : quelques volailles, une famille de suricates, un poney ou deux. Dans une grande cage vivaient deux furets et, dans celle d'à côté, des cobayes à poil long. Une mère et ses deux fils, âgés d'environ sept et cinq ans, les ont repérés en même temps que moi et se sont rués devant pour avoir une meilleure vue. Le plus jeune semblait content, mais son frère ne se tenait plus de joie.

– Bon Dieu ! s'est-il exclamé en se tournant pour regarder sa mère. Bon Dieu, tu les as vus ?

J'ai ressorti mon carnet.

– Qu'est-ce que tu écris ? s'est enquis Tyler.

– Tu as déjà vu des cochons d'Inde aussi gros ? a demandé le garçon. Non mais t'as vu ça ? *Bon Dieu !*

La mère nous a adressé un regard gêné, à Tyler et à moi.

– Tu ne devrais pas invoquer le nom du Seigneur comme ça, Jerry. Tu pourrais choquer des gens.

– Bon Dieu de bon Dieu ! a continué le gamin. Quelqu'un devrait prendre une photo.

Le lendemain matin, en écrivant sur cet incident, je me suis rappelé à quel point le garçon n'en croyait pas ses yeux. Oui, les cobayes étaient gros – comme des chaussons en fausse fourrure, pointure 43 et 44. Ils n'étaient pourtant pas d'une taille gargantuesque. Peut-être les avait-il confondus avec des hamsters ? L'expression de son visage et sa réaction inattendue – quand il avait juré comme l'aurait fait un adulte – m'avaient paru remarquables et, tandis que je me tenais là, le genou douloureux, serrant fort mon petit carnet dans ce zoo miniature, j'ai su que je devrais immortaliser ce moment.

Attention à la marche

– Tu aimes mon nouveau *jumper* ? ai-je demandé à mon père, hier après-midi.

– Hein ? a-t-il répondu.

Et moi, d'expliquer :

– *Jumper* ? Ça veut dire *pull* en Angleterre.

– Mouais, a-t-il dit avant d'ajouter qu'il faisait 33 °C et que, si je ne l'ôtais pas, j'allais sûrement avoir un coup de chaud ou au moins des rougeurs, et n'était-ce pas la dernière chose qu'il nous fallait, à lui ou à moi, par les temps qui couraient ?

– 33 °C ou pas, ça ne m'empêche pas de penser que je n'ai jamais vu un pull aussi génial, ai-je insisté.

Pour plaisanter, mon père a suggéré qu'on fasse tester son QI, mais à cet instant-là, je ne l'écoutais déjà plus. Nous nous trouvions alors dans l'allée devant la maison. Il arrosait ses hydrangées et j'étais assise sur le capot de la voiture, attendant qu'il l'appelle le « cap » ou un truc de ce genre. Il est si bête, mon père. Ma mère n'était guère plus brillante, mais à présent qu'elle est morte, je m'efforce de ne plus me rappeler que les bons souvenirs, comme lorsqu'elle m'avait payé un séjour en Angleterre avec le club d'histoire de mon lycée. Je n'en étais pas membre

– en fait, c'était une des matières où j'étais le plus faible –, mais la conseillère pédagogique, Mme Carkeek, m'avait quand même laissée partir parce qu'elle avait besoin de douze élèves minimum et qu'il ne lui en restait plus que onze après que Kimberley avait eu un B en allemand et tenté de se suicider. C'était la première fois que je me rendais à l'étranger et cela m'a vraiment ouvert les yeux sur le nombre de *taches*, ici, aux États-Unis.

– Comment puis-je être une tache si je suis un garçon ? m'a demandé Braydon Hoyt quand je l'ai croisé à l'enterrement, le mardi.

Il ignorait que le mot « tache » signifie « idiot », du coup, plus il posait la question, plus il en devenait une, de tache. (Quand je pense que je suis sortie avec lui !) Le problème avec Braydon, et avec tous les garçons américains, c'est qu'ils sont vraiment trop au ras des pâquerettes. Et je ne suis pas la seule à le croire. Fiona, qui est ma meilleure copine en Angleterre, dit qu'il ne lui viendrait pas à l'idée d'aborder un Américain – moi exceptée – parce qu'ils ne comprennent rien à l'ironie. Elle et moi nous sommes rencontrées devant le Globe. Mme Carkeek avait emmené le groupe voir *L'Ouragan* (il me semble que c'était le titre), mais la pièce s'était révélée si ennuyeuse que je m'étais éclipsée à l'entracte. Devant le théâtre passe une allée piétonne qui mène au fleuve, et c'est là où je suis tombée sur Fiona.

– T'as une clope ? a-t-elle dit.

C'est ainsi que je suis pratiquement devenue accro aux Mayfair que l'on ne trouve malheureusement pas aux États-Unis. J'en demande partout et les gens me dévisagent comme si j'étais dingue. « Un paquet bleu, avec une grande photo de poumon malade dessus… » Pas moyen non plus de dénicher des chips « Cocktail de crevettes », encore une chose que m'a fait découvrir Fiona. Nous avons conversé pendant une dizaine de minutes avant qu'elle ne se rende compte que je n'étais pas anglaise.

– Attends un instant, a-t-elle dit. T'es une *Yankee* ? Vraiment ? Toi ?

Au début elle s'est laissé abuser par mon élocution. Je ne m'en aperçois pas mais, d'après papa et tous les gens présents à l'enterrement, j'ai pris l'accent anglais pendant la semaine que j'ai passée là-bas.

– Mais il n'y a pas que ça, a précisé Fiona. C'est aussi ton pull avec le drapeau anglais, tes Doc Martens, tout le tableau, quoi.

Elle voulait dire « mon attitude », la manière dont je regarde les choses et me rends aussitôt compte que c'est bidon. Fiona possède la même aptitude et nous sommes d'accord pour penser que c'est une épée à double tranchant.

– Non mais, franchement, McKenzie, quand tu vois tous ces demeurés, t'aimerais pas te contenter de si peu, toi aussi, de temps à autre ?

C'est fou tout ce que nous avons en commun, toutes les deux. Pour commencer, nous aimons Londres. Elle n'y est pas née mais a quitté Coventry à l'âge de quinze ans pour aller vivre chez sa mamie à Barking. Je trouve qu'il n'y a pas mieux que « mamie » pour appeler sa grand-mère ; dommage que ça ne marche pas aux États-Unis. La mère de ma mère veut que je l'appelle T. J.

– J'ai soixante-deux ans, pour l'amour du Ciel ! s'est-elle exclamée quand je l'ai croisée aux funérailles. Je suis jeune et active, et si jamais tu m'appelles encore comme ça, je te lave la bouche au savon.

Je ne l'avais jamais vue aussi furieuse.

– Et ne me dis pas qu'en Angleterre, on appelle le savon d'un autre nom ou je te lave la bouche deux fois !

Mon autre grand-mère, du côté de mon père, a eu une attaque, l'hiver dernier : en toute honnêteté, je ne sais pas ce qu'elle a dit quand je l'ai appelée « mamie », toujours est-il qu'elle n'a pas eu l'air spécialement ravie. Elle est enfin sortie de sa chaise roulante mais, si ça ne tenait qu'à moi, je l'y remettrais. Mon Dieu, qu'elle est lente ! Il lui a fallu vingt minutes pour passer du divan aux commodités. Cela signifie « toilettes » en Angleterre. Les toilettes du rez-de-chaussée sont équipées d'une barre pour personnes âgées à côté de la cuvette. Papa l'a posée à Pâques, quand l'état de maman a commencé à se dégrader, et je lui ai dit que je n'y retournerais plus tant qu'il ne l'aurait pas enlevée.

– Pourquoi ? a-t-il demandé.

– Ça me donne l'impression d'être à l'hôpital.

– Dans *un* hôpital, tu veux dire.

Six jours avant, j'avais eu la même conversation, mais dans l'autre sens.

– Ma mère est dans un hôpital depuis presque trois semaines, ai-je confié à Fiona.

– À l'hôpital, m'a-t-elle corrigée. C'est comme ça qu'on dit ici.

Elle m'a offert une autre Mayfair.

– Pourquoi y est-elle ?

– Cancer des ovaires.

La sortie au Globe a eu lieu le jeudi. Le vendredi, nous avons passé la journée à Oxford et les frimeurs du club d'histoire en ont presque pissé de joie. Sur le chemin du retour à Londres, à six heures et demie, heure anglaise, midi et demi dans le Missouri, ma mère est morte. Nous avions prévu de reprendre l'avion le samedi, alors, plutôt que de gâcher le reste de mon séjour, mon père n'a rien dit jusqu'à ce qu'il vienne me chercher à l'aéroport. Vu que je ne supporte personne au club d'histoire, ça ne m'a pas dérangée qu'ils voient mon crétin de père pleurer comme une fille au point de livraison des bagages.

– Tu dois vraiment réagir d'une manière aussi *américaine* ? Non mais, franchement… Ce n'est pas comme si tu ne l'avais pas vu venir…

Une chose que Fiona a remarquée, et je l'approuve entièrement, c'est que les habitants de mon pays sont beaucoup trop sentimentaux. Ils pleurent vraiment pour un rien, en partie parce que ce sont des bébés, en partie parce qu'ils s'attachent trop facilement. Pas moi, en tout cas. *Garde ton calme et continue*, telle est ma devise. Elle est inscrite sur un mug que j'ai acheté, le seul dans lequel je boive mon thé. J'adore le thé.

À cause du décalage horaire, j'étais complètement éreintée pendant les funérailles. Ça n'avait d'ailleurs pas grande importance. Comme je l'ai écrit à Fiona, c'était vraiment nul. J'étais coincée là, je crevais d'envie de fumer une Mayfair, et tous ces gens qui connaissaient à peine ma mère avaient rappliqué pour dire à quel point elle leur manquait. Si j'avais reçu dix cents chaque fois que j'ai entendu : « Comme tu as grandi ! », j'aurais récolté assez pour me payer un billet de première classe pour Londres et louer un appartement pendant un an. Deux ans si j'avais un colocataire.

Après l'enterrement, une foule de gens particulièrement affreux sont passés à la maison. Heureusement, mes grands-mères étaient venues aider. Bon, l'une d'elles, l'autre s'est mise dans un coin et a cligné des yeux comme un crapaud. Je n'ai eu que peu d'occasions de m'esquiver et, lorsque j'y suis parvenue, j'ai filé dans ma chambre vérifier mes e-mails. J'ai écrit dix-huit fois à Fiona depuis mon retour, mais je n'ai pas encore eu de réponses, sans doute parce qu'elle est mal à l'aise. Les Anglais sont très différents de nous, surtout en ce qui concerne l'argent. Alors que les Américains sont toujours prêts à s'exclamer : « Regarde tout ce que j'ai ! », les Anglais se montrent beaucoup plus britanniques, beaucoup plus stoïques et discrets. Ce n'était pas facile pour Fiona de me demander ce prêt. Elle était vraiment gênée par tout ça, je l'ai bien senti. D'autant qu'elle est bien plus âgée que moi, elle a au moins la trentaine, mais ça ne fait aucune différence. Vu ma maturité, j'ai toutes sortes d'amis plus âgés, en tout cas je pourrais si je voulais. Fiona m'a emmenée à trois distributeurs pour que je puisse lui tirer de l'argent – ainsi, pendant que le club d'histoire faisait du tourisme au Globe, j'ai vu le vrai Londres et j'en suis tombée follement amoureuse.

J'espérais qu'après l'obtention de mon diplôme, dans deux ans, je pourrais aller dans un *college* là-bas, mais il se trouve que je suis déjà dans un *collège*. Les Britanniques désignent le lycée par le mot « collège », et notre « collège », ils l'appellent « université ». Même si Fiona dit que c'est strictement réservé aux cons et aux trous du cul, je pourrais au moins mettre le pied dans la porte. Mon père n'aimera pas du tout l'idée, mais il ferait bien de s'y habituer. Il est trop préoccupé pour s'en rendre compte dès maintenant, mais je suis déjà partie à plus d'un titre.

Affaire non résolue

Il y a plein de choses que je considère comme allant de soi, mais le fait de ne jamais avoir été cambriolé n'a jamais été l'une d'elles. Peu importait que je réside dans un quartier huppé ou minable, dans une maison, un appartement ou une chambre d'hôtel, chaque fois que je rentrais et constatais que mes tiroirs n'avaient pas été vidés sur le sol, j'étais tenté d'adresser en silence une prière de remerciement non confessionnelle. Je croyais sincèrement que ma gratitude me protégerait, alors imaginez ma consternation, à la fin de novembre 2011, lorsqu'un individu s'est introduit dans un logement que je louais avec Hugh et ma sœur Gretchen et a volé mon ordinateur dans sa sacoche.

J'ai pensé à mon portable – une année de boulot, envolée ! –, mais ma principale inquiétude concernait mon passeport que j'avais glissé dans la poche intérieure avec mon chéquier. C'était une perte colossale car je n'avais pas d'autre preuve de mon identité, sans compter que l'autocollant de mon permis de séjour illimité s'y trouvait.

Il s'agit de l'équivalent d'une carte verte, et l'obtenir n'avait pas été facile. Avant cela, j'avais besoin de visas qui exigeaient aussi pas mal d'efforts. La réglementation a changé depuis ma première demande mais, en 2002, il était possible de décrocher le précieux sésame en se présentant comme écrivain. Tout ce que j'avais à faire était de remplir un tas de formulaires et de prouver que j'avais publié un livre. Par extension, Hugh avait eu droit à un visa en tant que compagnon de l'écrivain. Cela signifiait qu'au moment d'entrer sur le territoire britannique, des agents des douanes me demandaient si j'écrivais des romans policiers et demandaient à Hugh si son compagnon écrivait des romans policiers. Aucun autre genre n'était pris en considération.

De temps à autre, nous devions faire renouveler nos visas. Cela impliquait de se rendre dans la triste cité de Croydon et de passer la journée dans ce qui demeure la queue la plus longue et la plus désespérée que j'aie jamais vue. C'était aussi la plus diversifiée. Je croyais être doué pour identifier les langues, mais il s'est avéré que je n'y connais presque rien. Ils doivent probablement l'inventer, me disais-je en écoutant le couple devant moi. Le plus souvent, la femme était vêtue comme la Grande Faucheuse. Son mari portait un sweat-shirt avec un dessin de bateau ou de cheval dessus, et les deux s'exprimaient dans un idiome si peu mélodieux et si lugubre que je n'arrivais pas à croire qu'il pût fournir les mots pour « gâteau d'anniversaire ». Si l'on nous refusait l'extension de nos visas, à Hugh et moi, nous retournerions à Paris ou à New York, mais eux, s'ils devaient repartir, qu'est-ce qui les attendait ? La décapitation ? La clitoridectomie ? C'était leur vie qui était en jeu. De notre côté, nous ne risquions que d'être privés de Yorkshire pudding.

Je laissais à Hugh le soin de gérer le problème des visas et de leur renouvellement : il se débrouillait comme un chef. Il pouvait localiser tout ce que réclamaient les autorités : les originaux de nos certificats de naissance, un échantillon de cheveux de sa grand-mère, les chaussures que je portais quand j'avais douze ans. Les gens croient que c'est simple de partir s'installer à l'étranger, mais en réalité, c'est un parcours épuisant, à dessein. Le gouvernement espère ainsi se débarrasser des fainéants, bien qu'il élimine surtout ceux qui n'ont pas les moyens de s'offrir les services d'un avocat spécialisé en droit de l'immigration. Si l'anglais n'avait pas été notre langue natale et si Hugh n'avait pas aimé les défis, nous en aurions engagé un. De fait, nous avons suivi la procédure et renouvelé trois fois nos visas avant de demander nos permis de séjour illimité. En dehors de la montagne de paperasserie, il nous a fallu lire un manuel intitulé *Vivre au Royaume-Uni* et nous coltiner l'examen qui lui est associé.

Hugh et moi l'avons passé le même jour, après avoir bachoté des semaines pendant l'été 2008. Au cours de cette période, j'ai appris la différence entre la Chambre des lords et la Chambre des communes. J'ai appris qu'en 1857, les femmes britanniques ont obtenu le droit de divorcer de leur mari. J'ai appris qu'au-dessous de seize ans, il est interdit de livrer du lait au Royaume-Uni, mais je ne crois pas avoir appris pourquoi. C'était juste une de ces bizarres injustices anglaises, comme l'été.

Avant d'affronter la véritable épreuve, je me suis entraîné avec les tests blancs fournis au dos du manuel. On y trouvait des questions comme « Qu'est-ce que les gens mangent à Noël ? » ou « À Halloween, que faites-vous quand on frappe à la porte ? ». C'était un questionnaire à choix multiples et les réponses possibles incluaient : « Vous appelez la police » et « Vous courez vous cacher ».

Je me suis esclaffé, mais ce n'étaient pas des blagues. Si vous veniez du Tchad, vous auriez probablement un coup de frayeur si des gamins avec un collant sur la tête se présentaient chez vous et exigeaient que vous leur donniez des friandises. Quant à la question sur le repas de Noël… Est-ce que je sais, moi, ce qu'ils mangent au Nigeria pour l'Aïd el-Kebir ou à Pékin pour la fête de Qingming ?

Il était aussi demandé pourquoi il y avait eu un si grand nombre d'immigrants juifs au Royaume-Uni au début du vingtième siècle. Je ne me souviens pas de toutes les réponses proposées, mais la A disait : « pour échapper à des attaques racistes » ; et la C : « pour envahir et conquérir le pays ».

Hugh et moi avons passé l'examen avec une douzaine d'autres étrangers, et bien qu'on ne nous ait pas donné nos notes, je suis certain d'avoir rendu une copie parfaite. Lui s'est trompé sur le coût des examens oculaires pour les personnes de plus de soixante ans mais, autrement, il a eu tout bon. Nos vignettes de permis de séjour illimité n'étaient guère impressionnantes – seulement nos photos entourées de timbres et de cachets –, et pourtant nous les avons contemplées pendant des heures, comme une femme aurait regardé le portrait du bébé qu'elle aurait mis au monde à l'envers dans une maison en flammes, après une grossesse difficile de sept longues années, tout en jonglant avec des couteaux.

La prochaine étape consistera à obtenir un passeport britannique, même si ce n'est pas nécessaire. De fait, Hugh et moi pouvons vivre et travailler au Royaume-Uni jusqu'à la fin de notre vie.

Je disposais de mon permis de séjour illimité depuis quatre ans quand on m'a dérobé mon passeport. Le vol a eu lieu à Oahu. Le simple fait de le mentionner efface la sympathie que ce cambriolage peut m'attirer, aussi ai-je tendance à éviter le sujet. D'ailleurs, je ne vois rien de spécifiquement hawaïen là-dedans. Il n'y a que deux endroits où se faire voler : à la télé et dans le vrai monde. Dans le premier cas, on vous rend vos affaires. Dans le second, si vous avez de la chance, le policier qui a répondu à votre appel vous demandera de quel genre d'ordinateur il s'agit. Ne reprenez pas espoir pour autant. Il est probable qu'il ne vous pose la question que parce qu'il a un problème informatique. La policière qui s'est occupée de nous a réagi promptement, mais ne s'est pas montrée très rassurante.

– Ouais, a-t-elle soupiré en observant l'endroit où s'était trouvée ma sacoche. Nous avons pas mal de *cambriole* dans ce quartier.

Et voilà à quel point elle était paresseuse : elle n'allait même pas jusqu'à prononcer la dernière syllabe !

Il y avait un parc sur le front de mer, à quatre cents mètres de notre maison de location. Aussi, après le départ de la police, m'y suis-je rendu à pied avec Gretchen, convaincu que je retrouverais ma sacoche dans une des poubelles. L'ordinateur aurait disparu, pensais-je, mais sans doute pourrais-je remettre la main sur mon passeport. Gretchen et moi avons vérifié les poubelles les unes après les autres et, au moment précis où j'ai commencé à fouiller les buissons, j'ai pris conscience de l'immensité du monde. Vous pensez probablement que j'aurais dû m'en rendre compte avant, peut-être au cours d'un vol de vingt-trois heures de Londres à Sydney, mais la taille d'une planète ne vous saute pas vraiment aux yeux tant que vous n'y cherchez pas quelque chose. Il aurait pu être n'importe où, mon vieux passeport, mais dans mon esprit, je le voyais sur une table basse dont le dessus de verre éraflé était couvert de poudre de meth.

Je suppose que les voleurs sont parfois honnêtes et bien intentionnés. Les objets qu'ils prennent pendant que nous sommes au travail – nos montres, nos appareils photo, les alliances transmises par nos arrière-grands-mères – servent peut-être à nourrir un enfant malade ou à payer une nouvelle hanche à une personne âgée aussi méritante que pittoresque. Mais cela compliquerait trop les choses. Il est beaucoup plus simple de réagir comme je l'ai fait et de considérer que ces gens sont le rebut du genre humain. Votre bien a été vendu pour un sachet de came et, tandis que vous essayez en vain de trouver le sommeil dans votre lit et tournez et retournez le problème dans votre tête, votre cambrioleur plane quelque part devant une télé volée. Des remords ? Ses seuls regrets sont que vous ne soyez pas revenu plus tard et que vous ne possédiez pas de choses plus précieuses.

Je tiens d'une autorité digne de foi qu'à l'époque où l'on n'utilisait pas encore les tests ADN, les cambrioleurs chiaient sur les lits ou les tapis de leurs victimes, histoire d'ajouter l'injure à leur crime, avant de se diriger vers la fenêtre ou n'importe quelle autre ouverture par laquelle ils s'étaient introduits. Qu'ils aient pu déféquer comme ça, sur commande, et seulement pour contrarier davantage leurs victimes, témoignait encore plus de leur dépravation à mes yeux.

Mon ordinateur a été volé à onze heures un mardi matin et, ce soir-là, j'avais une lecture à Honolulu. Plusieurs acteurs de la série télé *Hawaii 5-0* sont passés dans les coulisses avant le spectacle et ils se sont révélés infiniment plus obligeants que les vrais policiers auxquels j'avais eu affaire un peu plus tôt dans la journée.

– La première chose à faire, c'est d'offrir une récompense, a dit l'acteur qui jouait le rôle du lieutenant Chin Ho Kelly.

Je n'avais jamais parlé à quelqu'un d'aussi beau et j'ai répliqué, manifestement hébété :

– Vous serez mon quoi ?...

Hugh, Gretchen et moi sommes restés cinq jours supplémentaires à Oahu. Après quoi, en utilisant le rapport de police comme pièce d'identité, nous avons repris l'avion pour Los Angeles où j'ai obtenu un passeport tout neuf. La photo de celui qui m'avait été volé n'était pas terrible, mais sur celle du nouveau, je ressemblais à un pénis sur lequel aurait été dessiné un visage de vieillard. J'aurais pu exiger qu'on me reprenne en photo, mais cela n'aurait fait aucune différence. C'était mon nouveau moi, postcambriolage : tout mon jeune optimisme avait disparu, dérobé par un drogué à Hawaii. Chaque fois que je regardais mon horrible nouveau passeport, je pensais à lui et me demandais ce qu'il mijotait. La personne que j'imaginais avait entre vingt-cinq et trente ans et exhibait un tatouage aux couleurs éclatantes sur le cou – quelque chose de classieux, peut-être un scorpion brandissant un joint dans une de ses pinces. Il était comme une poupée que j'accessoirisais avec tout ce qui m'avait irrité dans la journée. Il envoyait des textos pendant les films. Il mangeait au Chick-fil-A[1]. Il saupoudrait de paillettes ses lettres de remerciements et, quand on les ouvrait, on en mettait partout.

Je me suis souvent demandé si mon voleur avait été arrêté. Dans le cas où il avait fait de la prison, qui avait payé sa caution ? Sa mère ? Sa petite amie ? Je supposais qu'il était hétéro car un homo ou même un bi aurait aussi emporté mon fourre-tout en toile enduite qui se trouvait juste à côté de la sacoche de l'ordinateur, et qui m'a valu des compliments dont vous n'avez pas idée.

Au début du mois de décembre 2011, j'ai repris l'avion pour Londres. En France, la police de l'air et aux frontières ne se soucie pas de savoir qui entre dans le pays, mais en Angleterre, c'est une tout autre paire de manches. « Que venez-vous faire ici ? s'enquièrent-ils d'un ton insistant. Que venez-vous *vraiment* faire ici ? » Mon permis de séjour illimité avait mis un terme à ces questions mais à présent, sans la vignette, j'étais de retour à la case départ et traité comme un visiteur de second rang.

– Combien de temps comptez-vous rester au Royaume-Uni ? a demandé mon agent de la police des airs et des frontières à Heathrow. Où résiderez-vous ?

1. Chaîne de restauration rapide américaine spécialisée dans les plats à base de poulet.

J'ai expliqué ma situation et, après m'avoir prié de sortir de la file, l'homme a emporté mon passeport dans un bureau et vérifié mon identité sur un ordinateur. Mon statut ayant été confirmé, j'ai pu passer. Aucun problème. Un mois plus tard, de retour de Corée du Sud, j'ai vécu exactement la même expérience. Puis j'ai dû prendre le train pour Paris et, à mon retour, une femme de la police aux frontières s'est réellement penchée sur mon cas.

– Pourquoi n'avez-vous pas une nouvelle vignette de permis de séjour illimité ?

Je lui ai rappelé que la procédure exigeait beaucoup de temps. Pour ce faire, je devais rendre mon passeport – un sérieux problème vu que je n'arrête pas de voyager pour mon travail.

La dame a croisé les bras.

– Quelle est votre profession ? a-t-elle voulu savoir.

Je lui ai dit que j'étais écrivain et elle a rétorqué d'un ton très strict que je pouvais écrire chez moi.

« Pas à propos de la Corée du Sud, en tout cas », ai-je eu envie de répondre, mais il est inutile de discuter avec ce genre de personne, aussi me suis-je contenté de trembloter sur place.

– Je ne suis même pas obligée de vous laisser entrer, a-t-elle déclaré sèchement. Vous en avez conscience ?

Je me suis éclairci la voix avant de répondre :

– Oui.

– Qu'avez-vous dit ?

J'avais l'impression d'être observé par les gens derrière moi et de les entendre penser – ce qui m'arrive souvent : « Qu'est-ce qu'il a, ce fauteur de troubles ? »

– Oui.

– Oui *quoi* ?

Il m'a alors semblé qu'elle ne serait pas satisfaite tant que je n'aurais pas pleuré.

– Oui, j'ai conscience que vous n'êtes pas obligée de me laisser entrer.

Je ne me rappelle pas m'être jamais senti aussi idiot qu'en cet instant. Qui étais-je pour me croire chez moi à l'étranger, pour penser que remplir des formulaires et récolter des bonnes notes à un examen me garantirait le même sentiment d'appartenance que j'éprouvais spontanément aux États-Unis ? Là-bas, si un agent de la police aux frontières me causait des soucis, j'en concevrais probablement une certaine frustration mais je doute que mes mains trembleraient ou que ma voix, après avoir grimpé de trois octaves, se mettrait à chevroter et à se briser pour finir par sonner comme celle de Blanche-Neige atteinte de la maladie de Parkinson. « Mais, ai-je voulu dire, je pensais que vous m'aimiez. »

– Par ici, a grommelé la dame en se levant de son siège.

Et quand elle est sortie de sa cabine, j'ai regardé sa ceinture pour voir si des scalps n'y étaient pas accrochés. Empoignant mon sac, je l'ai suivie dans un bureau où l'un de ses collègues a vérifié mon identité sur son ordinateur. Mon passeport a été tamponné et, après avoir passé dix minutes sur un banc à repenser à mon voleur, j'ai enfin été libéré. Hugh a suggéré que j'étais simplement tombé sur le mauvais agent, mais l'incident s'est révélé si perturbant qu'après mon retour à Londres, je l'ai laissé faire la paperasse pour obtenir une nouvelle vignette de permis de séjour illimité. Les formulaires ont été expédiés avec mon passeport et un chèque d'un montant significatif au Bureau de l'Intérieur et, au bout d'une semaine, j'ai reçu une lettre m'avisant qu'ils avaient bien réceptionné mon courrier et qu'avec un peu de chance, ils me recontacteraient d'ici six mois.

– *Six* mois ? ai-je dit à Hugh.

– Au plus tard, m'a-t-il rassuré. Ça pourrait très bien arriver la semaine prochaine, qui sait ?

J'ai envoyé mon passeport début juin et, comme il ne m'avait toujours pas été retourné à la mi-juillet, j'ai dû annuler une lecture en Italie. Il n'avait toujours pas réapparu à la fin juillet et j'ai perdu un billet d'Eurostar non remboursable pour la France. Personne n'aime avoir des ennuis, mais se heurter à un problème aussi alambiqué et bureaucratique est encore plus rageant. Quand j'en parlais face à face avec quelqu'un, je voyais son regard s'embrumer, et lorsque je l'évoquais au téléphone, je sentais que mon interlocuteur allumait son ordinateur pour vérifier son compte d'épargne retraite.

Sans mon passeport, j'étais coincé dans le pays où j'avais émigré. Et tout cela à cause d'un drogué à Hawaii. Pendant qu'il se défonçait sur la plage, j'ai dû supporter un des étés les plus froids et les plus humides de mémoire d'homme. Ayant grandi en Caroline du Nord, j'ai fait le plein de temps chaud et poisseux. 37 °C, ce n'est pas bon pour moi, je déteste. Mais un peu de chaleur ne m'aurait pas tué, deux jours pendant lesquels je n'aurais pas eu à porter un pull et un long maillot de corps sous un hideux poncho en plastique. Franchement, je n'aurais jamais cru qu'il pouvait tomber une si grande quantité d'eau. Dans le Sussex de l'Ouest, il pleuvait tant que les oisillons se noyaient dans leur nid. Même les grenouilles mouraient. Les grenouilles ! Notre séjour en Italie devait inclure quelques jours de vacances en plus de la lecture. Mais au lieu de circuler en voiture dans le Piémont avec Hugh et notre ami Eduardo, j'ai arpenté les routes autour de notre maison avec des bottes Wellington qui me montaient jusqu'aux genoux et j'ai observé des limaces imbibées se laisser emporter par le courant.

Tout le monde semblait en voyage à part moi.

Une fois par semaine, histoire de briser la monotonie, Hugh et moi prenions nos grands parapluies de golf et nous traînions jusqu'au pub pour avoir des nouvelles du coin. Une de nos rares voisines à ne pas s'être encore envolées pour l'Espagne s'était fait cambrioler pendant qu'elle dormait à l'étage. Le voleur s'était emparé de son sac à main et, après s'être aperçu qu'il contenait les clés de la voiture, il était reparti dans son Audi. La police locale avait réagi en nous suggérant à tous, à titre de précaution, de dormir avec nos clés.

Si la force publique avait procédé ainsi en France ou en Amérique, cela ne m'aurait pas surpris, mais tout le monde n'était-il pas censé être détective en Angleterre ? Chaque énigme criminelle, quelle que soit sa complexité, n'était-elle pas résolue à point nommé par un professionnel ou un amateur éclairé ? C'est l'impression que vous donnent les livres et les séries télé anglaises. Sherlock Holmes, Miss Marple, Hetty Wainthropp, l'inspecteur George Gently sont issus de toutes les classes sociales et des quatre coins du pays. Il y a même le frère Cadfael d'Edith Pargeter, un moine bénédictin qui élucide des affaires criminelles dans le Shrewsbury du douzième siècle. Pas de caméras de surveillance, pas d'empreintes digitales, pas même un téléphone, mais cela ne l'empêche pas de venir à bout de tous les mystères qui s'offrent à lui. Mais à présent, presque neuf siècles plus tard, la solution serait de *dormir avec nos clés* ?

– C'est ça, le progrès ? ai-je dit à Hugh comme nous rentrions en pataugeant. Pourquoi ne pas nous demander de dormir dans nos voitures tant qu'ils y sont ?

À la mi-octobre, j'avais prévu de me rendre aux États-Unis pour une tournée de lectures dans trente villes. Il était hors de question de renoncer, aussi ai-je appelé le Bureau de l'Intérieur début septembre pour leur demander de me renvoyer mon passeport. Cela revenait à annuler la procédure engagée et à perdre les cinq cents dollars qu'elle m'avait coûté, mais quel autre choix avais-je ? Mon interlocutrice au téléphone m'a expliqué que cela pourrait prendre jusqu'à vingt jours ouvrés. Elle a ajouté que, si je partais aux États-Unis, je n'avais aucune garantie que le gouvernement m'autoriserait à rentrer au Royaume-Uni.

J'ai raccroché en pensant qu'il y avait pire qu'être expulsé d'Angleterre. Que dire d'un pays qui met six mois à remplacer un autocollant sur un passeport, qui plus est quand tout est en règle dans les fichiers ? Puis j'ai songé à toutes les autres choses que je n'aime pas ici : les détritus au bord des routes, l'ébriété sur la voie publique, la manière qu'ils ont de dire « jan » au lieu de « janvier ». Des problèmes se posent partout, bien sûr. C'est juste que, sans mon passeport, je n'arrive pas les ramener à leur juste mesure.

Quelques jours après le début de ma tournée aux États-Unis, une personne à Oahu est tombée sur une sacoche d'ordinateur contenant un chéquier et un passeport. Il ou elle l'a déposée au bureau de poste le plus proche avec un mot disant : « Aloha. J'ai découvert cette sacoche abandonnée. Les documents sont très importants. J'espère qu'ils trouveront leur chemin jusqu'à leur propriétaire. » Il n'y avait pas de nom en bas de la page, uniquement le mot « merci ».

Le directeur de la poste a utilisé mon chéquier pour entrer en contact avec mon banquier et, trois jours plus tard, j'ai récupéré mon vieux passeport. Après l'avoir ouvert et avoir embrassé ma vignette de permis de séjour illimité, j'ai téléphoné au directeur de la poste hawaïenne qui m'a raconté que mes affaires avaient été retrouvées à proximité de la maison que j'avais louée, pas très loin de la zone que nous avions fouillée avec Gretchen. C'était tout ce qu'il pouvait me dire. Ni le passeport ni le chéquier ne sentaient le moisi, alors peut-être n'avaient-ils été jetés que récemment ? Par qui ? Je ne m'en souciais plus. Au lieu de penser à mon cambrioleur, j'ai tourné mon imagination vers l'inconnu(e) qui avait si judicieusement interrompu mon cauchemar avec le Bureau de l'Intérieur. Je ne pensais plus à mal. Je croyais de nouveau dans la chance. J'aurais été ravi de récupérer mon ordinateur, mais sa perte n'a rien d'insupportable. Mon seul regret est que cette affaire s'achève de manière aussi décevante. Ce qui a commencé comme une énigme se termine comme une énigme encore plus obscure. Qui es-tu, bon Samaritain ? me suis-je demandé. Que fais-tu en cet instant ? Un don de moelle épinière ? Une lecture pour les aveugles ? Un cours de danse pour enfants handicapés ?

Début décembre, en débarquant en Angleterre, j'ai tendu mes deux passeports à l'agent de la police des airs et aux frontières d'Heathrow. Il a examiné l'ancien avec la vignette, puis le nouveau qu'il a tamponné et m'a rendu. Peut-être a-t-il dit : « Bienvenue à la maison », ou peut-être s'est-il contenté de lâcher : « Suivant ! », mais je n'ai pas perdu mon temps à l'écouter.

Un coin de paradis

C'était la fin septembre, et Hugh et moi nous trouvions à Amsterdam. Nous avions été invités à dîner, aussi, à cinq heures du soir, avons-nous quitté notre hôtel et avons-nous dépensé pas moins de cent vingt dollars pour nous rendre en taxi chez notre hôtesse, une auteure de livres pour enfants qui vivait près d'un canal au milieu de nulle part. Quelqu'un a ouvert la porte pour nous accueillir et il m'a fallu un moment pour m'apercevoir que c'était Francine. Des sacs en plastique transparents et remplis d'eau cachaient son visage. Ils étaient accrochés à des fils et pendaient dans le vide, comme des testicules. Bien sûr, j'ai demandé de quoi il s'agissait, et elle a répondu que c'était pour repousser les mouches.

– J'ignore pourquoi, mais quand elles voient ou sentent ces sacs à sandwiches, elles changent immédiatement de direction. N'est-ce pas, Pauline ? a-t-elle dit à son amie. Pas une mouche de tout l'été – d'habitude la maison en est remplie !

Je projetais de méditer sur les sacs en plastique pendant le reste de la soirée, mais d'autres choses sont venues se mettre en travers, à commencer par la maison de Francine qui tenait plus du complexe que du pavillon : l'Institut Francine, avec un grand espace moderne pour écrire et une alcôve séparée pour les dizaines de livres dont elle est l'auteure et tous leurs produits dérivés, poupées, affiches et calendriers !

Le dîner a été servi dans la cour à côté du canal. C'était une nuit claire et assez froide pour qu'on fasse de la buée en parlant, et un feu brûlait. S'étaient joints à nous Pauline, l'ex-épouse de Francine, et l'un de ses fils, un jeune homme de vingt et un ans nommé Dan. Comme sa mère, il était blond, avec cette sorte de beauté que nous pourrions tous avoir si nous avions le droit de nous construire en kit : des yeux bleus à parfaite distance l'un de l'autre, des pommettes parfaites, une bouche pleine de grandes dents parfaitement blanches. Par-dessus le marché, il était vraiment gentil et intéressant. Après dîner, nous avons placé nos chaises en cercle autour du brasero et l'on a eu droit à du gâteau aux pommes. Hugh a posé une question sur l'économie du pays, et Dan a répondu que les Pays-Bas avaient l'un des taux de chômage les plus bas d'Europe.

– Si vous avez un master, vous êtes presque sûr de trouver du boulot.

Lui-même était en deuxième année de fac et s'orientait vers le sauvetage de la planète.

– Ce n'est pas le vrai nom du cursus, mais cela revient à peu près au même, nous a-t-il précisé.

J'ai demandé quelles étaient les matières qu'il étudiait et il a évoqué un cours de biologie qu'il avait suivi un peu plus tôt dans la semaine.

– Nous avons parlé du vieillissement et du fait que l'espérance de vie de la population ne cesse d'augmenter. Autrefois les gens mouraient souvent autour de trente-cinq ans, et regardez maintenant ! Tout évolue si vite !

D'après Dan, la première personne qui atteindra l'âge de deux cents ans est déjà née.

– On ne sait pas qui c'est, mais il ou elle est bien parmi nous.

Peut-être était-ce la note d'autorité dans sa voix ou la lueur du feu qui se reflétait dans ses yeux, toujours est-il que ses paroles ont résonné comme une prophétie à mes oreilles. J'ai avalé ma dernière bouchée de gâteau et me suis penché en avant pour poser une question.

– À l'âge de cent soixante ans, cette personne sera-t-elle du genre à dire : « Vous savez quoi ? Je commence à fatiguer... » ou plutôt du genre à se pelotonner au milieu d'une flaque de salive et de Botox ?

– Nous l'ignorons, a répondu Dan.

J'ai fixé les flammes et me suis senti très mal à l'idée que la personne dont nous parlions puisse être mon père et que je sois le dernier en mesure de m'occuper de lui. *Pense donc aux sacs en plastique remplis d'eau suspendus dans l'entrée*, me suis-je dit, mais j'ai eu beau faire de mon mieux, je ne suis pas arrivé à me sortir cette idée de la tête, pas plus sur le moment, quand je grelottais près du canal, que plus tard, sur le chemin du retour à Amsterdam. Le taximètre cliquetait joyeusement et je voyais défiler les chiffres comme des âges plus que comme des sommes, en songeant : *Soixante-six ans, c'est comme en avoir vingt. Soixante-sept, c'est toujours rien. Lorsque je les aurai, mon père n'aura que cent ans.*

Ça lui laisserait encore tout un siècle pour appeler à des heures indues et me demander si j'ai fait une coloscopie. Il a lancé cette campagne en 1978, la première fois qu'il en a subi une.

– C'était horrible, avait-il déclaré. Le docteur m'a fait ôter mon pantalon et m'a attaché à une sorte de chaise percée – j'étais ligoté comme un otage. Puis il l'a inclinée en avant et m'a enfoncé – je ne plaisante pas – une baguette en métal de quatre-vingt-dix centimètres dans le cul ! Tu imagines un peu ? Et moi qui le suppliais, la tête pratiquement en bas, le nez dégoulinant de sueur… Faut que tu saches que c'était atroce, une torture. La pire expérience de ma vie.

Puis, dans le même souffle, il avait ajouté :

– Je crois que tu devrais en faire une.

– Mais je n'ai que vingt-deux ans !

– Il n'est jamais trop tôt, avait-il insisté. Vas-y ! C'est moi qui paierai.

J'avais dit à ma sœur Lisa :

– C'est comme s'il pensait que ça me plaira.

J'ai entendu dire que l'examen s'est simplifié depuis les années 1970. Au lieu d'être attaché à une chaise, vous êtes allongé sur le côté, dopé jusqu'à la moelle, pendant qu'un fin tentacule pas plus épais qu'une ficelle d'emballage erre dans les corridors vides de votre côlon.

– Ça ne pourrait pas se passer plus facilement, m'a promis un docteur. On vous assomme et vous vous réveillez en ne vous souvenant de rien.

– Rien de ce que vous avez pu fabriquer à l'intérieur de mon trou du cul ? ai-je dit. Je suis navré, mais ça ne me paraît pas rassurant du tout.

– Tu es une véritable bombe à retardement, a dit mon père. Crois-moi, si tu attends davantage, tu vas le regretter.

Quand j'ai eu cinquante ans, il a redoublé d'efforts. Il les a encore redoublés l'année suivante, et puis il n'a pour ainsi dire plus parlé que de ça. J'ai été opéré des gencives au cours de l'été 2010 et je revenais à peine de chez le parodontiste, la bouche encore engourdie et le menton sanguinolent, quand le téléphone a sonné.

– Maintenant que c'est fait, je veux que tu ailles faire une coloscopie, a dit mon père.

Je l'ai emmené avec moi dans une université de New York où je devais prononcer le discours d'introduction à la cérémonie de remise des diplômes. Juste avant que je monte sur scène, il m'a tapé sur l'épaule…

– Je veux que tu penses à faire une coloscopie.

Il le plaçait dans toutes nos conversations. Celle que nous avons eue après mon retour d'Amsterdam, par exemple, quand je l'ai appelé pour savoir ce qu'il souhaitait pour Noël.

– Je souhaite que tu fasses cette damnée coloscopie.

– Comme cadeau, tu souhaites qu'une personne m'enfonce un corps étranger dans le cul ?

– Exactement !

Il a continué à insister, jusqu'au point où je lui ai dit que j'étais épuisé et que je ne pouvais plus parler. Nous avons raccroché, mais deux minutes plus tard, il a rappelé.

– Ou un iPhone, a-t-il dit.

Quand j'y pense, il ne ferait pas un si mauvais bicentenaire. Le voici arrivé à quatre-vingt-neuf ans et il n'a jamais passé une nuit à l'hôpital. Quatre fois par semaine, il participe à un cours de spinning au Y[1], sans parler de tout le temps qu'il passe à marcher et à traîner des choses derrière lui. Sa mémoire est excellente. Il fait lui-même ses courses et sa cuisine et ne s'est jamais trompé dans nos prénoms. D'après lui, le secret est de manger sept raisins secs au gin par jour.

– Blanc ou noir ? ai-je demandé.

– Peu importe.

– Il n'y a pas moyen d'éviter le gin ? On pourrait les faire mariner dans autre chose… je ne sais pas, moi… du café.

– Tu veux vivre, oui ou non ?

Lorsque j'ai parlé de la prophétie de Dan à mon père, il a déclaré :

1. Nom donné aux salles de sport de la YMCA.

– Ah, foutaise ! Un gamin de vingt ans en Hollande, qu'est-ce qu'il en sait ?

– Il l'a appris à la fac.

– Mais non, a répliqué mon père. Ce gosse t'a fait marcher. Il a émis la même opinion à propos des sacs en plastique que Francine a suspendus dans son entrée.

– C'est que des conneries !

– Contrairement à tes sept raisins secs trempés dans du gin qui t'ont fait vivre jusqu'à quatre-vingt-neuf ans ?

– Eh ! s'est-il exclamé. Ces raisins au gin donnent des résultats !

Si ce n'était pas ça, quelque chose d'autre faisait effet. Il m'a harcelé avec l'énergie d'un homme deux fois plus jeune que lui, jusqu'au jour où, finalement, six mois après notre voyage à Amsterdam, j'ai craqué. J'effectuais alors une tournée de trente jours dans trente villes différentes aux États-Unis. À la fin, je devais rendre visite à ma famille et, vu que je comptais rester un moment dans le coin, j'ai appelé un centre d'endoscopie en Caroline du Nord et obtenu un rendez-vous. L'endroit que j'ai choisi ne se trouvait pas à Raleigh – mon père aurait insisté pour assister au spectacle –, mais à Winston-Salem où vit Lisa.

L'examen n'aurait lieu que deux semaines plus tard, aussi ai-je eu tout le temps de collecter des histoires sur le sujet, bonnes et mauvaises. La préparation est la partie la plus diffamée par presque tout le monde. Pour que votre côlon puisse être examiné dans les meilleures conditions, il doit être parfaitement vide. Pour ce faire, on vous prescrit une horrible combinaison de laxatifs et d'émollients fécaux qui vous retiennent aux toilettes de douze à dix-huit heures. Plusieurs des personnes à qui j'ai parlé étaient demeurées conscientes pendant leur coloscopie et s'étaient même jointes à leur docteur pour suivre en direct l'opération sur l'écran de contrôle. Elles étaient généralement du genre à remplir elles-mêmes leur déclaration d'impôts et à lire les rapports des consommateurs avant d'investir dans un déshumidificateur ou un four grille-pain. Effectivement, elles étaient du genre que je ne suis pas.

Du moment que l'on m'endormait, je sentais que tout se passerait bien. Puis j'ai rencontré une femme qui a pulvérisé ma fragile tranquillité d'esprit.

– La caméra dans le derrière n'était pas si dure à supporter, m'a-t-elle raconté. J'étais dans les vapes quand tout ça s'est produit, mais j'ai alors été transportée dans ce qu'ils appelaient « la salle de pets » et on m'a dit que je n'en sortirais qu'après avoir évacué assez de gaz pour les satisfaire.

– Non ! me suis-je exclamé.

– Ils gonflent d'air votre côlon et vous devez impérativement vous exécuter avant de rentrer chez vous, a-t-elle précisé. Une infirmière me comprimait littéralement l'abdomen comme si elle pétrissait de la pâte à pain.

– Et vous avez dû faire ça… *devant des gens* ?

Elle a fermé les yeux et a hoché la tête.

– Impossible pour moi, ai-je soupiré.

– Mais vous n'aurez pas le choix !

– Non, sérieusement, impossible.

– Je n'ai pas eu droit à la salle de pets, a dit Lisa quand je lui ai répété l'histoire de la femme. En tout cas, ce n'était pas écrit sur la porte. Et tu vas trouver ça dingue, mais j'ai aimé ma coloscopie.

Sans l'enthousiasme de ma sœur, j'aurais sans doute annulé mon rendez-vous. Dans cet état de choses, elle n'aurait pas pu m'aider ni m'encourager davantage. La veille de l'examen, elle m'a donné mes laxatifs et versé mon premier verre de Gatorade mélangé à l'émollient fécal. J'ai bu les neuf cents grammes requis, j'ai enduré les conséquences et, le lendemain matin, je me suis forcé à en ingurgiter une autre bouteille. J'avais cru que j'aurais les crocs et serais d'humeur grincheuse après vingt-quatre heures sans avaler de nourriture solide, mais je n'avais pas plus faim que d'habitude quand, à l'approche du rendez-vous, nous nous sommes rendus au centre d'endoscopie.

Je me suis fait enregistrer à l'accueil et l'on m'a informé que je serais incapable de signer des chèques ou de prendre une quelconque décision légale d'ici la fin de la journée.

– Ça vous convient ? a demandé la réceptionniste.

Elle était gaie et sentait bon et, tandis que je prenais son stylo pour signer mes formulaires de décharge, j'ai remarqué les traces de pattes tatouées sur sa poitrine. On aurait dit qu'elle s'était fait marcher dessus ou peut-être embrasser par un lynx aux pattes boueuses.

« C'est ravissant », a dit Lisa, et la femme, qui se prénommait Vette, l'a remerciée. Six personnes étaient assises dans la salle d'attente derrière nous. Elles étaient toutes bien plus âgées que moi et la plupart regardaient la télévision qui n'était pas réglée sur les infos, mais sur un programme en boucle composé de brefs publireportages. « Souffririez-vous d'une vessie trop active ? » demandait le narrateur de l'un d'eux. Puis on nous invitait à nous renseigner sur le syndrome du côlon irritable.

– Oh, non, a chuchoté Lisa en grimaçant.

Je pensais rester avec elle un moment et peut-être apprendre une chose ou deux sur l'incontinence mais quelques instants après avoir signé mon dernier formulaire, j'ai été emmené au fond du bâtiment, dans la salle où devait avoir lieu mon examen. Au centre se trouvait un lit d'hôpital surélevé et, le long du mur, une haute étagère chargée de produits médicaux. Il devait y en avoir une douzaine, mais ce qui a attiré mon regard et l'a même figé, c'était le gel lubrifiant KY Jelly contenu dans un tube de la taille d'un bongo.

– Voulez-vous que je vous décrive ce qui va vous arriver ? a demandé une technicienne nommée Dawn.

Je lui ai dit que je préférais ne pas connaître les détails et elle m'a laissé seul pour que je me déshabille et enfile une tunique ouverte à l'arrière. Cela fait, elle m'a installé sur le lit surélevé et présenté à l'anesthésiste qui tenait un tube à oxygène dans sa main et m'a demandé si j'étais allergique au latex.

J'ai répondu que non en me posant la question : *Tu es sûr ?* Elle a fixé le tube dans mon nez et insérait une intraveineuse dans mon bras quand le gastro-entérologue est entré. Sans vraiment l'avoir remarqué, j'ai l'impression d'avoir atteint l'âge où mes docteurs sont plus jeunes que moi. Ce type devait approcher doucement de la quarantaine.

– Holmes, a-t-il dit pour se présenter.

Juste son nom de famille, pas de titre. Nous nous sommes serré la main et, un moment plus tard, l'anesthésiste a relié une seringue pleine d'un liquide crème à mon intraveineuse.

– À présent, je vais vous demander de vous projeter dans votre coin de paradis, a-t-elle dit.

L'arrière de ma tunique s'est mis à béer et mes fesses ont subitement été exposées à l'air froid.

– Mon quoi ?

– Votre coin de paradis, a-t-elle répété. Il est différent pour chaque personne. L'homme que j'ai anesthésié avant vous s'est rendu sur le parcours de golf d'Augusta, par exemple, et quand il s'est réveillé, il gagnait le Masters.

Au début, j'ai pensé que mon coin de paradis serait une scène. Je m'y dirigeais depuis les coulisses, excité – comme toujours – par toute l'attention que j'allais attirer, lorsque j'ai brusquement changé d'avis et me suis transporté dans la maison où j'ai grandi. C'était un soir au début des années 1970 et, assis à la table du dîner, mes sœurs et moi tâchions de faire rire notre mère. Je la voyais réellement pencher la tête sur le côté pour s'allumer une cigarette à la flamme d'une bougie, quand soudain, je me suis projeté dans le cottage que mes parents avaient loué un été sur la côte de Caroline du Nord. Puis je me suis retrouvé en Normandie, par un après-midi de septembre. L'anesthésiste a vidé sa seringue dans mon intraveineuse, et au moment où je disais (ou pensais que je disais) : « Non, attendez, je n'ai pas encore décidé », je me suis senti glisser dans un vide velouteux.

Plus tard, lorsque j'ai repris conscience, je me trouvais dans un autre endroit. J'étais entouré de rideaux et, à travers une fente, j'ai aperçu une femme qui pliait des feuilles et les mettait dans des enveloppes. Je lui ai demandé d'un ton vaseux si nous nous étions déjà rencontrés et quand elle m'a répondu que non, j'ai remué le petit doigt comme le ferait un lutin pour saluer une fée flottant dans l'air sur une feuille d'érable.

– Bonjour, alors, ai-je murmuré.

Jamais je n'avais éprouvé un sentiment de bien-être aussi englobant. Tout était merveilleux et agréable. Tout le monde était magnifique. Si j'avais continué à boire et à prendre des drogues, les effets n'auraient peut-être pas été aussi forts, mais à part le Dilaudid qu'on m'avait prescrit pour un calcul rénal en 2009, j'étais resté d'une cruelle sobriété, ces treize dernières années.

– Eh bien, c'est dû au Propofol, m'expliquerait plus tard le Dr Holmes. C'est ce que Michael Jackson s'injectait avant de mourir.

Et qui peut l'en blâmer ? Je donnerais n'importe quoi pour dormir aussi bien et me réveiller chaque matin sur un nuage duveteux d'amour.

– Il va falloir que vous évacuiez des gaz, a déclaré la femme qui mettait des feuilles dans des enveloppes.

Elle parlait comme si elle était une institutrice et moi, un élève de CE1.

– Vous pensez pouvoir faire ça pour moi ? a-t-elle ajouté.

– Pour vous, n'importe quoi.

Et tandis que je suivais ses instructions, je me suis aperçu que ce n'était pas différent que de jouer d'un instrument à vent. Il y avait d'autres musiciens derrière d'autres rideaux, et j'aurais juré qu'ils suivaient le mouvement, notre groupe formant la section des cuivres de l'orchestre de Dieu. Je ne sais pas combien de temps je suis resté là, à péter au septième ciel. Trois minutes ? Cinq ? Dix ? Puis on m'a dit de me rhabiller et quelqu'un m'a conduit dans une pièce où m'attendaient un journal et une bible. C'est là que j'ai retrouvé Lisa qui s'est joyeusement exclamée :

– Je ne te l'avais pas dit ?

– Oh, oui, ai-je répondu d'un ton encore incrédule. La prochaine fois, nous devrions faire ça ensemble. Ça ne serait pas formidable ?

Je la regardais, un grand sourire aux lèvres, l'amour irradiant de mon corps comme la chaleur d'une ampoule, lorsque le Dr Holmes est entré pour m'annoncer que tout s'était très bien passé.

– Félicitations, a-t-il déclaré. Vous avez le côlon d'un homme de vingt-cinq ans.

Apparemment, j'aurais gobé n'importe quoi.

– Vraiment ? Un homme de vingt-cinq ans ?

– En fait, je plaisantais, a-t-il dit. Tous les côlons sains se ressemblent plus ou moins.

Il m'a donné plusieurs images de ce que la caméra avait enregistré mais je ne les ai pas comprises, pas plus sur le moment, quand j'avais l'impression de rebondir sur les murs comme un ballon de baudruche, que plus tard, chez Lisa, lorsque la drogue a cessé de faire effet et que je suis redevenu moi-même.

Je m'apprêtais à partir en promenade, quand mon père a appelé.

– Alors ? a-t-il demandé. Quel est ton verdict ? C'était aussi horrible que tu le pensais ?

Je voulais le remercier pour toutes les années passées à me harceler, et lui concéder qu'il n'avait pensé qu'à mon bien, et au lieu de cela, je n'ai pu m'empêcher de dire :

– Papa, ils ont trouvé quelque chose. Et, papa… papa… j'ai un cancer.

C'est affreux, je sais, mais, d'une certaine manière, j'avais attendu toute ma vie de prononcer ces paroles. Lors de mes crises d'apitoiement sur moi-même, je m'étais entraîné à les dire comme les répliques d'une pièce, sans jamais penser à celui qui les recevrait, seulement à moi-même et au ton tragique que j'aurais. Cependant, la répétition des « papa » m'a surpris, à tel point que mes yeux se sont embués de larmes. Du coup, il m'a encore été plus difficile de voir Lisa qui m'écoutait à l'autre bout du divan et marmonnait ce qui aurait pu être diverses choses, mais était probablement un catégorique : « Tu iras en enfer pour ça ! »

– Le plus important est de ne pas s'avouer vaincu, a dit mon père.

Il avait l'air si fort, si fidèle à l'homme omnipotent qu'il était plus jeune, que l'idée de lui avouer que je blaguais m'a horrifié.

– Il faut te battre, a-t-il insisté, je sais que tu as peur, mais je te le dis, fiston, ensemble, on peut gagner.

J'allais lui dire la vérité mais, en attendant, au moins quelques secondes supplémentaires, je voulais demeurer dans ce coin de paradis où je me sentais si aimé et protégé. Si épanoui.

Journées de chien

Médor, Mirza, Praline et Tom
Ont été envoyés par Dieu, m'a-t-on dit,
Pour que nous comprenions tous ceci :
Le chien est le meilleur ami de l'homme.

Saluez l'hyperactif Basile,
Propriété d'un couple stérile
Qui clame pendant ses ébats :
« C'est notre enfant, pas un danois ! »

On a rentré Hercule, un pékinois,
Pour l'épucer sans embarras.
Ayant reçu l'insecticide dans les yeux,
Il restera aveugle, le pauvre vieux.

Chiffon, le setter irlandais des Marlowe,
Fait aussi déchiqueteuse de papier.
Son déjeuner : factures, feuilles d'impôts
Suivies d'une douzaine de récépissés.

Petunia May aurait été renversée
En chassant un camion à ordures.
C'était un Boston terrier de race pure
Et sa famille se demande où l'enterrer.

Presque tous les soirs, Princesse
Grignote des crottes dans la sciure du minou.
Puis, sur demande, à sa maîtresse,
Elle donne un tas de léchouilles de toutou.

Cass, le pitbull dévoyé des Deaver,
A mordu aux fesses le facteur.
Ses canines ont déchiré son sphincter.
Il a maintenant une démarche singulière.

Les chiennes aimaient le carlin Oreste
Jusqu'à ce que le véto lui coupe les testes.
Comme il n'a plus que les glandes anales,
Il ne lui reste qu'à jouer à la baballe.

Skip le teckel à poil ras du Kremlin-Bicêtre
Aime forniquer avec la jambe de son maître.
Chaque fois qu'il peut, il laisse sur son mollet
Des taches de chiots qui ne naîtront jamais.

Un vilain saint-bernard nommé Mermoz
A trouvé un tampon de Pam au fond des chiottes.
Il tient le tampon sanguinolent dans ses quenottes
Et se lamente sur sa prochaine ménopause.

Boris le shar-pei est enfermé
Dans une Ford Taurus en plein été.

JOURNÉES DE CHIEN

Il aboie, à s'en casser la voix,
Puis halète et de nouveau aboie.

Un jour comme un autre, la pauvre Sapho
Se fait injecter des cellules cancéreuses.
Elle aime rappeler à ses amies sérieuses
Qu'elle est un chien d'arrêt et non de labo.

Chaque soir, le vieux Toby se lèche les noix,
Puis il roupille jusqu'à l'appel matinal.
Alors il démoule un bronze et – quel effroi ! –
Se plie en deux pour se lécher le trou de balle.

Table

RÉALISATION : NORD COMPO À VILLENEUVE-D'ASCQ
IMPRESSION : NORMANDIE ROTO IMPRESSION S.A.S. À LONRAI
DÉPÔT LÉGAL : AVRIL 2018. N° 0333 (1705492)
IMPRIMÉ EN FRANCE